Classiques Bordas

Le Bourgeois gentilhomme

D0660846

MOLIÈRE

Ouvrage publié
sous la direction de
MARIE-HÉLÈNE PRAT

Édition présentée par
GABRIEL CONESA
Agrégé de lettres modernes
Docteur d'État

VÉRONIQUE STERNBERG
Agrégée de lettres modernes

UNIVERS
Ldes **ETTRES**
BORDAS

www.universdeslettres.com

Voir « LE TEXTE ET SES IMAGES » p. 176
pour l'exploitation de l'iconographie de ce dossier.

1. et 2. Louis Seigner (MONSIEUR JOURDAIN) et Andrée de Chauveron
(MADAME JOURDAIN) dans la mise en scène de Jean Meyer,
Comédie-Française, 1951.

MONSIEUR ET MADAME

3. Hyacinthe Rigaud, *Louis XIV roi de France*, 1701. (Paris, musée du Louvre.)

4. Jérôme Savary (MONSIEUR JOURDAIN) dans la mise en scène de Jérôme Savary, théâtre national de Chaillot, 1989.

5. François Bouysse (MAÎTRE À DANSER) et Jérôme Savary (MONSIEUR JOURDAIN) dans la mise en scène de Jérôme Savary, théâtre national de Chaillot, 1989.

6. Gregory Gerreboo (MAÎTRE À DANSER) et Philippe Gouinguenet (MONSIEUR JOURDAIN) dans la mise en scène de Colette Roumanoff, théâtre Fontaine, 2003.

7. François Boucher (1703-1770), illustration pour *Le Bourgeois gentilhomme* de Molière, 1734. (Paris, Bibliothèque nationale de France.)

8. Franck Mignat (MAÎTRE D'ARMES) et Philippe Gouinguenet (MONSIEUR JOURDAIN) dans la mise en scène de Colette Roumanoff, théâtre Fontaine, 2003.

9. Jean Le Poulain
(Monsieur Jourdain)
et Jacques Sereys
(Maître de philosophie)
dans la mise en scène
de Jean-Laurent Cochet,
Comédie-Française, 1980.

10. Renaud de Manoël (Maître de philosophie) et Philippe Gouinguenet
(Monsieur Jourdain) dans la mise en scène de Colette Roumanoff,
théâtre Fontaine, 2003.

11. Michel Galabru (MONSIEUR JOURDAIN) dans la mise en scène de Jérôme Savary, C.E.T. Lyon, théâtre du VIIIᵉ, 1987.

12. Jacques Charon (MONSIEUR JOURDAIN), Geneviève Casile (DORIMÈNE), Georges Descrières (DORANTE) dans la mise en scène de Jean-Louis Barrault, la Comédie-Française aux Tuileries, 1972.

13. Gregory Gerreboo (LE COMTE) et Philippe Gouinguenet
(MONSIEUR JOURDAIN) dans la mise en scène de Colette Roumanoff,
théâtre Fontaine, 2003.

14. Gregory Gerreboo (LE COMTE), Philippe Gouinguenet
(MONSIEUR JOURDAIN) et Amélie Bargème (LA MARQUISE)
dans la mise en scène de Colette Roumanoff, théâtre Fontaine, 2003.

15. Philippe Gouinguenet (MONSIEUR JOURDAIN) et Catherine Vidal
(NICOLE) dans la mise en scène de Colette Roumanoff,
théâtre Fontaine, 2003.

16. Renaud de Manoël (COVIELLE), Catherine Vidal (NICOLE), Franck Mignat (CLÉANTE) et Valérie Roumanoff (LUCILE) dans la mise en scène de Colette Roumanoff, théâtre Fontaine, 2003.

17. Roland Bertin (MONSIEUR JOURDAIN) dans la mise en scène de Jean-Luc Boutté, Comédie-Française, 1988.

18. Jérôme Savary (MONSIEUR JOURDAIN) dans la mise en scène de Jérôme Savary, théâtre national de Chaillot, 1989.

19. Roland Bertin (MONSIEUR JOURDAIN) dans la mise en scène de Jean-Luc Boutté, Comédie-Française, 1988.

REGARDS
SUR L'ŒUVRE

1610	1643	1661	1715
HENRI IV	LOUIS XIII	MAZARIN	LOUIS XIV

1606	CORNEILLE	1684

1621	LA FONTAINE	1695

1622	**MOLIÈRE**	**1673**

1639	RACINE	1699

1645	LA BRUYÈRE	1696

ŒUVRES DE MOLIÈRE

1655 *L'Étourdi*

1656 *Le Dépit amoureux*

1659 *Les Précieuses
ridicules*

Le Médecin volant

1661 *Les Fâcheux* •

1662 *L'École des femmes*

1664 *Le Mariage forcé* •

La Princesse d'Élide •

Le Tartuffe

1665 *Dom Juan*

L'Amour médecin •

1666 *Le Misanthrope*

Le Médecin malgré lui

1667 *Le Sicilien ou
l'Amour peintre* •

1668 *Amphitryon*

George Dandin •

L'Avare

1669 *Monsieur
de Pourceaugnac* •

1670 ***Le Bourgeois
gentilhomme*** •

*Les Amants
magnifiques* •

1671 *Les Fourberies
de Scapin*

*La Comtesse
d'Escarbagnas* •

1672 *Les Femmes savantes*

1673 *Le Malade
imaginaire* •

• Les comédies-ballets

LIRE AUJOURD'HUI
LE BOURGEOIS GENTILHOMME

Le Bourgeois gentilhomme, que Molière et Lully présentent à Chambord devant la cour, en 1670, enthousiasme le roi. La fantaisie de l'intrigue*, la beauté des intermèdes* chantés et dansés, la splendeur des décors et des costumes en font un spectacle total qui suscite à la fois le rire et l'émerveillement : un mélange des genres qui fait, aujourd'hui encore, l'attrait d'une pièce qu'on ne cesse de relire et de jouer. Molière porte à la perfection une forme dont il est l'inventeur : la comédie-ballet.

Cette nouvelle forme de divertissement a donné naissance à l'un des plus sympathiques illuminés du théâtre de Molière, M. Jourdain. Son extravagance, comme celle de tous les fous de la comédie, entraîne bien des désordres et des périls pour sa famille ; mais sa lubie de noblesse a quelque chose d'un rêve d'enfance : elle entraîne le spectateur dans un monde de plaisirs et de fête, où l'on apprend avec délectation la révérence et les voyelles, et où l'on devient « mamamouchi » pour « aller de pair avec les plus grands seigneurs de la terre ».

Aurait-on affaire à la pièce la plus loufoque de Molière ? Peut-être. Mais derrière l'obsession de M. Jourdain, il y a l'aspiration de toute une classe sociale : la bourgeoisie, dont le pouvoir ne cesse de croître au XVIIe siècle. Et dans les manigances de Dorante se devine la perte de puissance de la noblesse, qui conserve néanmoins tout son prestige, et fait encore rêver les bourgeois. La société n'est plus la même, les clivages se sont déplacés. Mais la folie des grandeurs, la manie de singer les autres et de vouloir paraître ce qu'on n'est pas, le snobisme enfin, restent des sujets d'actualité. À une époque où les médias ne cessent d'amplifier des modes constamment renouvelées, peut-être avons-nous tous quelque chose de M. Jourdain. La comédie est sans doute, plus que jamais, « le miroir des hommes ».

---

* Les mots suivis d'un astérisque sont définis p. 234.

REPÈRES

L'AUTEUR : Jean-Baptiste Poquelin, dit Molière.

PREMIÈRE REPRÉSENTATION : le 14 octobre 1670 à Chambord dans le cadre des fêtes royales ; d'autres représentations suivent, le 16, le 20 et le 21 octobre ; puis les 9, 11 et 13 novembre au château de Saint-Germain ; pour le public parisien, le 23 novembre, au théâtre du Palais-Royal.

PREMIÈRE PUBLICATION : 1671.

LE GENRE : comédie-ballet (genre inventé par Molière en 1661 avec *Les Fâcheux*, dans le cadre des fêtes données par Fouquet au château de Vaux-le-Vicomte).

LE CONTEXTE : la crise diplomatique entre la France et l'Empire ottoman, et l'incident qui marque la visite de Soliman aga, émissaire du sultan (voir p. 186).

Molière, établi à Paris depuis 1659, a connu de brillants succès mais aussi d'âpres luttes, notamment pour défendre *Le Tartuffe* (1664-1669) et *Dom Juan* (1665) contre les attaques des dévots. Sans renoncer à dénoncer les « vices de son siècle », il se tourne vers des sujets plus légers que l'hypocrisie religieuse ou le libertinage, et vers les pièces à grand spectacle. Ce choix l'amène à collaborer avec les plus grands artistes de son temps, comme Lully et Beauchamp.

LA PIÈCE

• **Forme et structure** : cinq actes en prose, entrecoupés de quatre intermèdes, et suivis d'un ballet en guise de clôture.

• **Lieu et temps** : « la scène est à Paris », et le temps de l'intrigue correspond à celui des spectateurs, dans le Paris des années 1670.

• **Personnages** : M. Jourdain, bourgeois enrichi qui rêve de noblesse avec un enthousiasme juvénile ; sa femme, plus raisonnable mais aussi terre à terre ; Nicole, servante « forte en gueule » dans la veine des Dorine (*Le Tartuffe*, 1664) et Toinette (*Le Malade imaginaire*, 1673) ; Dorante, comte peu scrupuleux qui profite avec cynisme de la fascination de M. Jourdain pour la noblesse ; Dorimène, la marquise, personnage plus sympathique, dont s'est épris M. Jourdain ; Lucile, fille de M. Jourdain, amoureuse de Cléonte mais sommée par son père d'épouser un aristocrate ; Covielle, le valet intrigant « à l'italienne », digne de Mascarille (*L'Étourdi*, 1655) ou de Scapin (*Les Fourberies de Scapin*, 1671), qui, en inventant le stratagème de la « turquerie », va permettre le mariage des jeunes gens ; les maîtres (d'armes, de musique, à danser, de philosophie), chargés de donner à M. Jourdain un vernis de culture et de savoir-vivre aristocratique ; des personnages épisodiques comme l'élève du maître de musique, les garçons tailleurs, deux laquais ; des musiciens et des danseurs en grand nombre pour les intermèdes et le ballet des nations.

• **Les enjeux** : la formule de la comédie-ballet portée à sa perfection. *Le Bourgeois gentilhomme* est une œuvre riche et diverse, mais aussi cohérente, unissant au mieux la comédie et les intermèdes dans une pièce à grand spectacle, une pièce qui, malgré son caractère hautement fantaisiste, porte un regard pertinent sur les travers d'une société en mutation.

L'évolution du rapport de forces entre bourgeois et aristocrates, les liens ambivalents de l'argent et du prestige social, sont des thèmes d'actualité pour les contemporains de Molière : *Le Bourgeois gentilhomme* livre aussi une image de la société de son temps.

Monsieur Jourdain, gravure d'après Geoffroy,
Allovard et Sand pour *Le Bourgeois gentilhomme*, 1872.
(Paris, Bibliothèque nationale de France.)

MOLIÈRE
ET *LE BOURGEOIS GENTILHOMME*

UNE ÉDUCATION BOURGEOISE

Molière, de son vrai nom Jean-Baptiste Poquelin, naît à Paris en 1622, dans une de ces familles bourgeoises aisées qu'il dépeindra souvent dans ses comédies. Son père est un artisan reconnu, qui possède la charge de tapissier ordinaire du roi. Le jeune Jean-Baptiste, comme tous les enfants de son milieu social, commence son instruction chez les jésuites, au collège de Clermont (l'actuel lycée Louis-le-Grand), avant d'entamer des études de droit, qu'il poursuit jusqu'à la licence. Mais il ne fera pas carrière dans la magistrature, et ne prendra pas non plus la suite de son père. En 1643, il cède à son frère la charge de tapissier du roi, qui lui revenait en tant que fils aîné, et fonde avec Madeleine Béjart, actrice déjà lancée, l'Illustre Théâtre.

SUR LES ROUTES DE PROVINCE

La concurrence des deux grands théâtres de la capitale, l'Hôtel de Bourgogne et le théâtre du Marais, est trop rude pour que la troupe de Molière parvienne à s'implanter à Paris. L'Illustre Théâtre fait faillite, et, après avoir connu la prison pour dettes, Molière part pour la province avec une autre troupe, qui sillonne le Sud-Ouest puis le Languedoc, séjournant notamment à Pézenas. Molière obtient à ce moment la protection et l'aide financière du prince de Conti, un des plus grands personnages du royaume. Fait étrange : Conti, passionné d'art dramatique*, deviendra ensuite un dévot particulièrement rigoriste. Il retirera sa protection à la troupe de Molière, et il attaquera violemment le théâtre dans son *Traité de la comédie et des spectacles* (1666). Après son séjour en Languedoc, la troupe se rend à Lyon, puis à Rouen (la ville de Pierre Corneille, qui a commencé sa carrière par des comédies) ; elle devient alors la troupe de Monsieur, frère du roi.

LES SUCCÈS ET LES LUTTES

De retour à Paris, en 1658, Molière et ses amis obtiennent le droit de jouer devant le roi et sa cour. Peu convaincants dans leur interprétation de *Nicomède*, tragédie de Corneille, les comédiens se montrent en revanche très brillants dans une petite farce, *Le Docteur amoureux*, qu'ils ont souvent jouée en province. Le roi, conquis, leur accorde le théâtre du Petit-Bourbon, où ils joueront en alternance avec les Comédiens-Italiens.

Après le premier succès des *Précieuses ridicules*, en 1659, Molière triomphe en 1662 avec *L'École des femmes*, sa première grande comédie, en cinq actes et en vers, dans laquelle il dépeint un personnage à la fois ridiculisé et tourmenté par son obsession du cocuage. Celui que ses rivaux considéraient avec mépris comme un vulgaire « farceur » est désormais un auteur à part entière, et un concurrent dangereux. La critique se déchaîne alors, attaquant la composition de l'œuvre, et les « honnêtes gens » s'offusquent de ce qu'ils croient être des allusions choquantes. Mais le public vient en foule et la pièce fait un triomphe. C'est aussi en 1662 que Molière épouse Armande, la sœur ou la fille de Madeleine Béjart, de vingt ans plus jeune que lui ; ses ennemis ne l'épargneront pas non plus sur le chapitre de sa vie privée.

Mais Molière se heurte à une hostilité bien plus forte encore, lorsqu'il crée *Le Tartuffe*, comédie sombre et tendue, dans laquelle il dénonce un vice de son temps : l'hypocrisie des faux dévots qui, en se faisant passer pour de saints hommes, s'introduisent dans les familles pour en détourner le bien. La pièce, présentée lors d'une fête royale en 1664, est aussitôt interdite, sous la pression du parti dévot, qui accuse Molière d'impiété et le menace des pires représailles. La lutte durera cinq ans, et ce n'est qu'en 1669 que *Le Tartuffe* pourra être présentée au public parisien. Mais entre-temps la troupe est devenue troupe du roi, a obtenu une pension plus importante, et Molière a écrit *Dom Juan* (1665), pièce également audacieuse, car elle met en scène un athée aussi immoral que séduisant. Les premières représentations sont triomphales, mais elles ne durent que cinq semaines : la pièce, vraisemblablement étouffée par de nouvelles pressions, ne sera jamais reprise du vivant de Molière.

LA VILLE ET LA COUR

Depuis 1661, année où Molière invente avec *Les Fâcheux* la comédie-ballet, « pièce mêlée de musique et de danse », il a la faveur du roi pour agrémenter, avec le musicien Lully, tous les grands divertissements royaux. Les comédies-ballets se succèdent, avec notamment *Le Mariage forcé* et *L'Amour médecin* en 1664 et 1665, *Monsieur de Pourceaugnac* en 1669, et *Le Bourgeois gentilhomme* en 1670.

Parallèlement, il poursuit dans la voie de la comédie, avec une production aussi riche que variée : il écrit *Le Misanthrope* en 1666, pièce plus grave, mais aussi *L'Avare* en 1668, *Les Fourberies de Scapin* en 1671, et *Les Femmes savantes* en 1672, trois pièces résolument comiques.

Le 17 février 1673, Molière, qui tient le rôle d'Argan dans *Le Malade imaginaire*, sa dernière comédie-ballet, ne pourra terminer la représentation : pris de malaises, il doit quitter la scène et s'éteint quelques heures plus tard. Comme il n'a pu abjurer son art, c'est-à-dire renoncer solennellement au théâtre, il ne sera enterré, de nuit, que grâce à l'intervention de Louis XIV.

LE BOURGEOIS GENTILHOMME, DIVERTISSEMENT ROYAL

Fatigué et meurtri par des années de lutte, Molière a délaissé les grandes questions de morale politique qui lui ont valu tant d'attaques. Il conçoit, dans la seconde partie de sa carrière, un certain nombre de comédies-ballets aux sujets résolument comiques, destinées à agrémenter des divertissements de cour. Il perfectionne progressivement cette esthétique dont il est l'inventeur, cherchant à l'adapter au mieux à l'atmosphère féerique des fêtes royales, et à mêler le plus étroitement possible la danse, la musique et la comédie. *Le Bourgeois gentilhomme* peut être considérée comme l'aboutissement de ces recherches, et l'un des chefs-d'œuvre du genre. La pièce est montée plusieurs fois à la cour, en octobre et novembre 1670, à grands frais ; elle est proposée au public parisien dès le 23 novembre, assortie de ses intermèdes.

Le Bourgeois gentilhomme se nourrit, comme toutes les pièces de Molière, d'inspirations diverses. Pour le personnage de M. Jourdain, on a tout de suite cherché l'original de la peinture : « chaque bourgeois y croyait trouver son voisin peint au naturel », nous apprend Grimarest dans sa *Vie de M. de Molière* (1705). Pour certains, Molière se serait inspiré d'un chapelier extravagant et amoureux ; pour d'autres, le héros de la comédie serait une allusion à Colbert, dont on sait que le père était drapier. Mais *Le Bourgeois gentilhomme* n'est pas une œuvre « à clés », et l'identification de modèles n'éclairerait pas beaucoup la pièce.

Plus intéressantes sont les influences esthétiques. Molière est un inventeur de formes, mais un inventeur cultivé. Peut-être a-t-il lu la comédie de l'auteur portugais Manoel de Melo intitulée *Le Gentilhomme apprenti* : on y trouve au premier acte les trois leçons, d'escrime, de danse, de poésie. Le sujet a également pu lui être fourni par un canevas de commedia dell' arte, adaptation ou, au contraire, source, de la pièce de Melo. L'influence de la comédie italienne se lit d'ailleurs dans le personnage de Covielle, valet fourbe et inventif qui rappelle Brighella et annonce Scapin.

Le Bourgeois gentilhomme est enfin une pièce satirique, dans la mesure où l'auteur y raille les manières de groupes sociaux bien identifiables. Le ton n'est pas acerbe, comme dans le genre antique de la satire, mais la perspective est celle d'une critique du monde social contemporain. Reste à savoir de qui Molière se moque dans *Le Bourgeois gentilhomme*. Des bourgeois épris de noblesse ? des aristocrates indignes de leur rang ? des coutumes orientales, pour faire plaisir à Louis XIV ? de la phonétique ? des musiciens et des danseurs ? Toutes choses probables, qui montrent la jubilatoire dispersion des cibles comiques dans *Le Bourgeois gentilhomme*. Le milieu bourgeois, dont vient le dramaturge, a pu lui fournir l'idée d'une comédie sur cette classe sociale de plus en plus puissante ; la morgue des aristocrates, déjà évoquée dans *Dom Juan* (1665), se retrouve à travers Dorante ; le sujet turc est indiscutablement lié aux circonstances politiques (voir p. 186) ; les « maîtres » de M. Jourdain égratignent quelque peu l'image idéale de l'artiste. On s'est également demandé si la cérémonie turque n'était pas une évocation des danses des derviches tourneurs ou la parodie des cérémonies de réception dans des confréries religieuses, audace dont l'auteur du *Tartuffe* (1664) est fort capable. On le voit, *Le Bourgeois gentilhomme* ne se résume pas à la virevoltante gaieté de son intrigue et à la fantaisie de ses intermèdes ; et, si Molière abandonne l'attaque directe des « vices de son temps », il ne renonce jamais à peindre le monde.

Pierre Mignard, *Portrait de Molière*, 1671.
(Chantilly, musée Condé.)

Le Bourgeois gentilhomme

MOLIÈRE

Comédie-ballet

*faite à Chambord, pour le divertissement du
Roi, au mois d'octobre 1670, et représentée
en public, à Paris, pour la première fois
sur le théâtre du Palais-Royal,
le 23 novembre de la même année 1670,
par la Troupe du Roi.*

LES PERSONNAGES

MONSIEUR JOURDAIN   *bourgeois.*

MADAME JOURDAIN   *sa femme.*

LUCILE   *fille de M. Jourdain.*

NICOLE   *servante.*

CLÉONTE   *amoureux de Lucile.*

COVIELLE   *valet de Cléonte.*

DORANTE   *comte, amant de Dorimène.*

DORIMÈNE   *marquise.*

MAÎTRE DE MUSIQUE.

ÉLÈVE DU MAÎTRE DE MUSIQUE.

MAÎTRE À DANSER.

MAÎTRE D'ARMES.

MAÎTRE DE PHILOSOPHIE.

MAÎTRE TAILLEUR.

GARÇON TAILLEUR.

Plusieurs musiciens, musiciennes,
joueurs d'instruments, danseurs, cuisiniers, garçons tailleurs,
et autres personnages des intermèdes et du ballet.

La scène est à Paris.

ACTE I

L'ouverture[1] se fait par un grand assemblage d'instruments ; et dans le milieu du théâtre on voit un élève du Maître de musique, qui compose sur une table un air que le Bourgeois a demandé pour une sérénade[2].

SCÈNE PREMIÈRE. MAÎTRE DE MUSIQUE, MAÎTRE À DANSER, TROIS MUSICIENS, DEUX VIOLONS, QUATRE DANSEURS.

MAÎTRE DE MUSIQUE, *parlant à ses Musiciens.* Venez, entrez dans cette salle, et vous reposez là, en attendant qu'il vienne.

MAÎTRE À DANSER, *parlant aux Danseurs.* Et vous aussi,
5 de ce côté.

MAÎTRE DE MUSIQUE, *à l'élève.* Est-ce fait ?

L'ÉLÈVE. Oui.

MAÎTRE DE MUSIQUE. Voyons… Voilà qui est bien.

MAÎTRE À DANSER. Est-ce quelque chose de nouveau ?

10 **MAÎTRE DE MUSIQUE.** Oui, c'est un air pour une sérénade, que je lui[3] ai fait composer ici, en attendant que notre homme fût éveillé.

MAÎTRE À DANSER. Peut-on voir ce que c'est ?

MAÎTRE DE MUSIQUE. Vous l'allez entendre, avec le
15 dialogue[4], quand il viendra. Il ne tardera guère.

---

1. **Ouverture :** Morceau qui précède un opéra, et qui est destiné à plonger le public dans l'atmosphère de l'œuvre qui va suivre.
2. **Sérénade :** concert donné la nuit sous les fenêtres de quelqu'un qu'on veut honorer.
3. **Lui** désigne l'élève qui compose la sérénade.
4. **Dialogue :** œuvre musicale composée pour deux ou plusieurs voix qui se répondent.

Mézières, *Préville, comédien ordinaire du Roi,*
dans Le Bourgeois gentilhomme, 1792.
(Paris, Bibliothèque de l'Arsenal.)

Maître à danser. Nos occupations, à vous, et à moi, ne sont pas petites maintenant.

Maître de musique. Il est vrai. Nous avons trouvé ici un homme comme il nous le faut à tous deux ; ce nous est une
20 douce rente[1] que ce Monsieur Jourdain, avec les visions[2] de noblesse et de galanterie[3] qu'il est allé se mettre en tête ; et votre danse et ma musique auraient à souhaiter que tout le monde lui ressemblât.

Maître à danser. Non pas entièrement ; et je voudrais
25 pour lui qu'il se connût mieux qu'il ne fait aux choses que nous lui donnons.

Maître de musique. Il est vrai qu'il les connaît mal, mais il les paye bien ; et c'est de quoi maintenant nos arts ont plus besoin que de toute autre chose.

30 **Maître à danser.** Pour moi, je vous l'avoue, je me repais[4] un peu de gloire ; les applaudissements me touchent ; et je tiens que, dans tous les beaux arts, c'est un supplice assez fâcheux que de se produire à des sots, que d'essuyer[5] sur des compositions la barbarie d'un stupide. Il y a plaisir, ne m'en
35 parlez point, à travailler pour des personnes qui soient capables de sentir les délicatesses d'un art, qui sachent faire un doux accueil aux beautés d'un ouvrage, et par de chatouillantes approbations vous régaler[6] de votre travail. Oui, la récompense la plus agréable qu'on puisse recevoir des choses
40 que l'on fait, c'est de les voir connues, de les voir caressées[7] d'un applaudissement qui vous honore. Il n'y a rien, à mon avis, qui nous paye mieux que cela de toutes nos fatigues ; et ce sont des douceurs exquises que des louanges éclairées[8].

---

1. **Rente :** revenu régulier.
2. **Visions :** idées folles.
3. **Galanterie :** tout ce qui fait l'agrément de la vie en société et permet de plaire aux femmes, l'élégance, l'esprit et la politesse.
4. **Je me repais :** je me nourris.
5. **Essuyer :** endurer, supporter.
6. **Régaler :** récompenser.
7. **Caressées :** flattées.
8. **Louanges éclairées :** compliments faits par quelqu'un qui s'y connaît.

MAÎTRE DE MUSIQUE. J'en demeure d'accord, et je les
45 goûte comme vous. Il n'y a rien assurément qui chatouille
davantage que les applaudissements que vous dites. Mais cet
encens[1] ne fait pas vivre ; des louanges toutes pures ne
mettent point un homme à son aise : il y faut mêler du
solide ; et la meilleure façon de louer, c'est de louer avec les
50 mains[2]. C'est un homme, à la vérité, dont les lumières sont
petites, qui parle à tort et à travers de toutes choses, et
n'applaudit qu'à contre-sens ; mais son argent redresse les
jugements de son esprit ; il a du discernement dans sa
bourse ; ses louanges sont monnayées ; et ce bourgeois igno-
55 rant nous vaut mieux, comme vous voyez, que le grand
seigneur éclairé qui nous a introduits ici.

MAÎTRE À DANSER. Il y a quelque chose de vrai dans ce
que vous dites ; mais je trouve que vous appuyez un peu
trop sur l'argent ; et l'intérêt est quelque chose de si bas,
60 qu'il ne faut jamais qu'un honnête homme[3] montre pour lui
de l'attachement.

MAÎTRE DE MUSIQUE. Vous recevez fort bien pourtant
l'argent que notre homme vous donne.

MAÎTRE À DANSER. Assurément ; mais je n'en fais pas tout
65 mon bonheur, et je voudrais qu'avec son bien, il eût encore
quelque bon goût des choses.

MAÎTRE DE MUSIQUE. Je le voudrais aussi, et c'est à quoi
nous travaillons tous deux autant que nous pouvons. Mais,
en tout cas, il nous donne moyen de nous faire connaître
70 dans le monde ; et il payera pour les autres ce que les autres
loueront pour lui.

MAÎTRE À DANSER. Le voilà qui vient.

---

1. **Encens :** flatterie.
2. Le Maître de musique fait allusion aux mains qui donnent de l'argent, et non à
celles qui applaudissent.
3. **Honnête homme :** homme du monde, raffiné, aux manières et à la
conversation distinguées.

SITUER

Le rideau s'ouvre sur des personnages qui s'affairent dans l'appartement, sans doute luxueusement décoré, d'un riche bourgeois ; le Maître de musique et le Maître à danser y donnent des instructions, visiblement pour préparer une fête ou une cérémonie.

RÉFLÉCHIR

GENRES : l'exposition

1. Par quel moyen Molière suscite-t-il la curiosité du spectateur ? Relevez les mots et les expressions qui font référence au héros sans qu'il soit nommé. Pourquoi Molière procède-t-il de cette façon ?

2. Quelles sont les allusions qui permettent de penser que le personnage dont parlent les maîtres est riche ? À quelle classe sociale appartient-il ?

3. Montrez que leur conversation révèle progressivement au spectateur le caractère du héros.

PERSONNAGES :
des personnages secondaires bien individualisés

4. Quel est le sujet précis de la conversation ? Sur quel point les maîtres ne sont-ils pas d'accord ? Relevez les expressions qui, dans leur discussion, appartiennent aux champs lexicaux de la gloire et du profit.

5. En quoi leur caractère diffère-t-il ? Quel est le plus antipathique des deux et pourquoi ? Quelle opinion ont-ils du bourgeois qui les emploie ?

REGISTRES ET TONALITÉS : la bonne société

6. Le ton de leur conversation est fort courtois, malgré la différence de conception qu'ils ont de leur activité : étudiez, à cet égard, comment chacun enchaîne sa réponse à ce qui vient d'être dit (l. 18 à 71).

ÉCRIRE

7. Le maître de musique écrit à un ami et il brosse, en une dizaine de lignes, le portrait de M. Jourdain. Respectez les traits de caractère du bourgeois ainsi que le ton du Maître de musique.

SCÈNE 2. Monsieur jourdain, deux laquais, Maître de musique, Maître à danser, violons, musiciens et danseurs.

Monsieur Jourdain. Hé bien, Messieurs ? qu'est-ce ? me ferez-vous voir votre petite drôlerie ?

Maître à danser. Comment ? quelle petite drôlerie ?

Monsieur Jourdain. Eh la… comment appelez-vous
5 cela ? Votre prologue ou dialogue de chansons et de danse.

Maître à danser. Ah, ah !

Maître de musique. Vous nous y voyez préparés.

Monsieur Jourdain. Je vous ai fait un peu attendre, mais c'est que je me fais habiller aujourd'hui comme les gens
10 de qualité[1] ; et mon tailleur m'a envoyé des bas de soie[2] que j'ai pensé ne mettre jamais.

Maître de musique. Nous ne sommes ici que pour attendre votre loisir[3].

Monsieur Jourdain. Je vous prie tous deux de ne vous
15 point en aller, qu'on[4] ne m'ait apporté mon habit, afin que vous me puissiez voir.

Maître à danser. Tout ce qu'il vous plaira.

Monsieur Jourdain. Vous me verrez équipé comme il faut, depuis les pieds jusqu'à la tête.

20 **Maître de musique.** Nous n'en doutons point.

Monsieur Jourdain. Je me suis fait faire cette indienne-ci[5].

Maître à danser. Elle est fort belle.

---

1. **Les gens de qualité :** les nobles de naissance. Ceux-ci portaient des vêtements aux étoffes rares et chères, au contraire des bourgeois et des paysans.
2. La soie est fort chère au XVIIIe siècle, et un bourgeois n'en porte généralement pas.
3. **Attendre votre loisir :** attendre que vous soyez disponible.
4. **Qu'on :** avant qu'on.
5. **Cette indienne-ci :** une robe de chambre faite d'étoffes indiennes précieuses, c'est-à-dire de toiles peintes venues de l'Inde.

MONSIEUR JOURDAIN. Mon tailleur m'a dit que les gens de qualité étaient comme cela le matin.

25 **MAÎTRE DE MUSIQUE.** Cela vous sied à merveille.

MONSIEUR JOURDAIN. Laquais ! holà, mes deux laquais !

PREMIER LAQUAIS. Que voulez-vous, Monsieur ?

MONSIEUR JOURDAIN. Rien. C'est pour voir si vous m'entendez bien. *(Aux deux Maîtres.)* Que dites-vous de 30 mes livrées[1] ?

MAÎTRE À DANSER. Elles sont magnifiques.

MONSIEUR JOURDAIN. *Il entr'ouvre sa robe, et fait voir un haut-de-chausses étroit de velours rouge, et une camisole[2] de velours vert, dont il est vêtu.* Voici encore un petit déshabillé 35 pour faire le matin mes exercices.

MAÎTRE DE MUSIQUE. Il est galant[3].

MONSIEUR JOURDAIN. Laquais !

PREMIER LAQUAIS. Monsieur.

MONSIEUR JOURDAIN. L'autre laquais !

40 **SECOND LAQUAIS.** Monsieur.

MONSIEUR JOURDAIN. Tenez ma robe. Me trouvez-vous bien comme cela[4] ?

MAÎTRE À DANSER. Fort bien. On ne peut pas mieux.

MONSIEUR JOURDAIN. Voyons un peu votre affaire.

45 **MAÎTRE DE MUSIQUE.** Je voudrais bien auparavant vous faire entendre un air qu'il vient de composer pour la

---

1. **Livrées :** uniformes des valets.
2. **Haut-de-chausses :** pantalon descendant jusqu'aux genoux. **Camisole :** chemisette, petit vêtement qui va jusqu'à la ceinture et qu'on porte « pendant le jour entre la chemise et le pourpoint (veste) pour avoir plus chaud » (dictionnaire de Furetière, 1690).
3. **Galant :** distingué.
4. La deuxième phrase est adressée au Maître de musique et au Maître à danser.

sérénade que vous m'avez demandée. C'est un de mes écoliers[1], qui a pour ces sortes de choses un talent admirable.

MONSIEUR JOURDAIN. Oui ; mais il ne fallait pas faire faire
50 cela par un écolier ; et vous n'étiez pas trop bon vous-même pour cette besogne-là.

MAÎTRE DE MUSIQUE. Il ne faut pas, Monsieur, que le nom d'écolier vous abuse. Ces sortes d'écoliers en savent autant que les plus grands maîtres, et l'air est aussi beau qu'il
55 s'en puisse faire. Écoutez seulement.

MONSIEUR JOURDAIN. Donnez-moi ma robe pour mieux entendre… Attendez, je crois que je serai mieux sans robe… Non ; redonnez-la-moi, cela ira mieux.

MUSICIEN, chantant.

Je languis nuit et jour, et mon mal est extrême,
60 Depuis qu'à vos rigueurs vos beaux yeux m'ont soumis ;
Si vous traitez ainsi, belle Iris, qui vous aime,
Hélas ! que pourriez-vous faire à vos ennemis ?

MONSIEUR JOURDAIN. Cette chanson me semble un peu lugubre, elle endort ; je voudrais que vous la pussiez un peu
65 ragaillardir par-ci, par-là.

MAÎTRE DE MUSIQUE. Il faut, Monsieur, que l'air soit accommodé aux paroles.

MONSIEUR JOURDAIN. On m'en apprit un tout à fait joli, il y a quelque temps. Attendez… Là… comment est-ce qu'il dit ?

70 **MAÎTRE À DANSER.** Par ma foi ! je ne sais.

MONSIEUR JOURDAIN. Il y a du mouton dedans.

MAÎTRE À DANSER. Du mouton ?

MONSIEUR JOURDAIN. Oui. Ah !

Monsieur Jourdain chante.

75 Je croyais Janneton
Aussi douce que belle,

---

1. Pour le Maître de musique, un écolier est un élève très avancé ; mais, dans l'esprit de M. Jourdain, c'est un enfant qui va à l'école.

> *Je croyais Janneton*
> *Plus douce qu'un mouton :*
> *Hélas ! hélas ! elle est cent fois,*
80 *Mille fois plus cruelle,*
> *Que n'est le tigre aux bois.*

N'est-il pas joli ?[1]

MAÎTRE DE MUSIQUE. Le plus joli du monde.

MAÎTRE À DANSER. Et vous le chantez bien.

85 **MONSIEUR JOURDAIN.** C'est sans avoir appris la musique.

MAÎTRE DE MUSIQUE. Vous devriez l'apprendre, Monsieur, comme vous faites la danse. Ce sont deux arts qui ont une étroite liaison ensemble.

MAÎTRE À DANSER. Et qui ouvrent l'esprit d'un homme
90 aux belles choses.

MONSIEUR JOURDAIN. Est-ce que les gens de qualité[2] apprennent aussi la musique ?

MAÎTRE DE MUSIQUE. Oui, Monsieur.

MONSIEUR JOURDAIN. Je l'apprendrai donc. Mais je ne
95 sais quel temps je pourrai prendre ; car, outre le Maître d'armes qui me montre[3], j'ai arrêté[4] encore un Maître de philosophie, qui doit commencer ce matin.

MAÎTRE DE MUSIQUE. La philosophie est quelque chose ; mais la musique, Monsieur, la musique…

100 **MAÎTRE À DANSER.** La musique et la danse… La musique et la danse, c'est là tout ce qu'il faut.

MAÎTRE DE MUSIQUE. Il n'y a rien qui soit si utile dans un État que la musique.

---

1. **N'est-il pas joli ?** : N'est-ce pas joli ? *Il* est neutre.
2. **Les gens de qualité** : les nobles de naissance.
3. **Qui me montre** : qui m'instruit.
4. **J'ai arrêté** : j'ai engagé. *Arrêter* se dit « d'un domestique qu'on retient à son service. *Arrêter un laquais, une servante* » (Académie, 1694).

MAÎTRE À DANSER. Il n'y a rien qui soit si nécessaire aux
105 hommes que la danse.

MAÎTRE DE MUSIQUE. Sans la musique, un État ne peut
subsister.

MAÎTRE À DANSER. Sans la danse, un homme ne saurait
rien faire.

110 **MAÎTRE DE MUSIQUE.** Tous les désordres, toutes les guerres
qu'on voit dans le monde, n'arrivent que pour n'apprendre
pas[1] la musique.

MAÎTRE À DANSER. Tous les malheurs des hommes, tous
les revers funestes[2] dont les histoires sont remplies, les
115 bévues[3] des politiques, et les manquements[4] des grands capi-
taines, tout cela n'est venu que faute de savoir danser.

MONSIEUR JOURDAIN. Comment cela ?

MAÎTRE DE MUSIQUE. La guerre ne vient-elle pas d'un
manque d'union entre les hommes ?

120 **MONSIEUR JOURDAIN.** Cela est vrai.

MAÎTRE DE MUSIQUE. Et si tous les hommes apprenaient
la musique, ne serait-ce pas le moyen de s'accorder ensemble, et de voir dans le monde la paix universelle ?

MONSIEUR JOURDAIN. Vous avez raison.

125 **MAÎTRE À DANSER.** Lorsqu'un homme a commis un
manquement dans sa conduite, soit aux affaires de sa famille,
ou au gouvernement d'un État, ou au commandement
d'une armée, ne dit-on pas toujours : « Un tel a fait un
mauvais pas dans une telle affaire » ?

130 **MONSIEUR JOURDAIN.** Oui, on dit cela.

MAÎTRE À DANSER. Et faire un mauvais pas peut-il procé-
der d'autre chose que de ne savoir pas danser ?

---

1. Pour n'apprendre pas : parce qu'on n'apprend pas.
2. Revers funestes : coups du sort qui entraînent le malheur.
3. Bévues : erreurs.
4. Manquements : fautes.

MONSIEUR JOURDAIN. Cela est vrai, vous avez raison tous deux.

135 **MAÎTRE À DANSER.** C'est pour vous faire voir l'excellence et l'utilité de la danse et de la musique.

MONSIEUR JOURDAIN. Je comprends cela à cette heure.

MAÎTRE DE MUSIQUE. Voulez-vous voir nos deux affaires ?

MONSIEUR JOURDAIN. Oui.

140 **MAÎTRE DE MUSIQUE.** Je vous l'ai déjà dit, c'est un petit essai que j'ai fait autrefois des diverses passions que peut exprimer la musique.

MONSIEUR JOURDAIN. Fort bien.

MAÎTRE DE MUSIQUE. Allons, avancez[1]. Il faut vous figurer 145 qu'ils sont habillés en bergers.

MONSIEUR JOURDAIN. Pourquoi toujours des bergers[2] ? On ne voit que cela partout.

MAÎTRE À DANSER. Lorsqu'on a des personnes à faire parler en musique, il faut bien que, pour la vraisemblance, 150 on donne dans la bergerie. Le chant a été de tout temps affecté aux bergers ; et il n'est guère naturel en dialogue que des princes ou des bourgeois chantent leurs passions.

MONSIEUR JOURDAIN. Passe, passe. Voyons.

---

1. La première phrase est adressée aux musiciens, la seconde à M. Jourdain.
2. M. Jourdain réagit contre une mode déjà ancienne de la pastorale, qui ne met en scène que des bergers.

DIALOGUE EN MUSIQUE

Une musicienne et deux musiciens

Un cœur, dans l'amoureux empire[1],
De mille soins[2] est toujours agité :
On dit qu'avec plaisir on languit, on soupire ;
Mais, quoi qu'on puisse dire,
Il n'est rien de si doux que notre liberté.

Premier musicien

Il n'est rien de si doux que les tendres ardeurs
Qui font vivre deux cœurs
Dans une même envie.
On ne peut être heureux sans amoureux désirs :
Ôtez l'amour de la vie,
Vous en ôtez les plaisirs.

Second musicien

Il serait doux d'entrer sous l'amoureuse loi,
Si l'on trouvait en amour de la foi[3] ;
Mais, hélas ! ô rigueur cruelle !
On ne voit point de bergère fidèle,
Et ce sexe inconstant, trop indigne du jour,
Doit faire pour jamais renoncer à l'amour.

Premier musicien
Aimable ardeur,

Musicienne
Franchise[4] heureuse,

Second musicien
Sexe trompeur,

Premier musicien
Que tu m'es précieuse !

---

1. **Dans l'amoureux empire :** amoureux.
2. **Soins :** soucis.
3. **Foi :** fidélité.
4. **Franchise :** liberté.

MUSICIENNE
175 *Que tu plais à mon cœur !*

SECOND MUSICIEN
Que tu me fais d'horreur !

PREMIER MUSICIEN
Ah ! quitte pour aimer cette haine mortelle.

MUSICIENNE
On peut, on peut te montrer
Une bergère fidèle.

SECOND MUSICIEN
180 *Hélas ! où la rencontrer ?*

MUSICIENNE
Pour défendre notre gloire,
Je te veux offrir mon cœur.

SECOND MUSICIEN
Mais, bergère, puis-je croire
Qu'il ne sera point trompeur ?

MUSICIENNE
185 *Voyons par expérience*
Qui des deux aimera mieux.

SECOND MUSICIEN
Qui manquera de constance,
Le puissent perdre les Dieux[1] !

TOUS TROIS
À des ardeurs si belles
190 *Laissons-nous enflammer :*
Ah ! qu'il est doux d'aimer,
Quand deux cœurs sont fidèles !

MONSIEUR JOURDAIN. Est-ce tout ?

MAÎTRE DE MUSIQUE. Oui.

---

1. **Qui manquera... Dieux :** que les dieux punissent celui qui manquera de
fidélité.

195 **MONSIEUR JOURDAIN.** Je trouve cela bien troussé, et il y a là dedans de petits dictons[1] assez jolis.

MAÎTRE À DANSER. Voici, pour mon affaire, un petit essai des plus beaux mouvements et des plus belles attitudes dont une danse puisse être variée.

200 **MONSIEUR JOURDAIN.** Sont-ce encore des bergers ?

MAÎTRE À DANSER. C'est ce qu'il vous plaira. Allons.

Quatre danseurs exécutent tous les mouvements différents et toutes les sortes de pas que le Maître à Danser leur commande, et cette danse fait le premier intermède.

---

1. **Un dicton** est « soit un proverbe, soit le mot d'un emblême, soit un mot piquant » (dictionnaire de Furetière, 1690). Mais M. Jourdain ne s'exprime pas très correctement (*cf.* plus loin, *se trémoussent*).

SITUER

M. Jourdain, dont viennent de parler les maîtres, entre en scène, et le public voit son impatience satisfaite.

RÉFLÉCHIR

PERSONNAGES : un bourgeois grossier

1. M. Jourdain correspond-il au portrait qu'en ont tracé les maîtres ? Justifiez votre réponse. Que pensent les maîtres et le public de ses goûts musicaux ?

2. À quel moment découvre-t-on qu'il est ignorant ? À quelles réactions voit-on qu'il est également vaniteux ?

3. Que pensez-vous du jugement de M. Jourdain, qui parle de « petite drôlerie » à propos du ballet, qui pense que le dialogue en musique est « bien troussé » et que les danseurs « se trémoussent bien » ?

4. Comment qualifier l'attitude de M. Jourdain à l'égard des maîtres ?

5. M. Jourdain pose au Maître de musique une question révélatrice de son obsession, qu'il répétera sous différentes formes par la suite ; laquelle ?

STRATÉGIES : tout flatteur...

6. En présence de M. Jourdain, le langage des maîtres se fait plus flatteur ; relevez les louanges et les flatteries excessives (hyperboles*) qu'ils lui adressent (voir p. 235). Leur propos séducteur ne contient-il pas des arguments trompeurs ? Lesquels et pourquoi ?

7. Pour quelle raison prennent-ils la parole à tour de rôle, pour prononcer à peu près le même nombre de répliques ? (l. 85-139). Quel effet la reprise des arguments du Maître de musique par le Maître à danser peut-elle produire sur le spectateur ?

GENRES : la comédie-ballet

8. La comédie-ballet (voir p. 197) est un genre qui fond dans le spectacle de la comédie proprement dite des intermèdes de musique et de danse. Les intermèdes vous paraissent-ils ici naturellement amenés par la situation, ou un peu forcés par Molière ? Justifiez votre réponse.

ÉCRIRE

9. Un professeur de peinture, désirant être employé par M. Jourdain, vante à son tour les mérites de son art. Imaginez leur dialogue.

PERSONNAGES : un héros obsédé

1. M. Jourdain apparaît comme un homme obsédé par une idée fixe, comme tous les héros de Molière : quelle est-elle ? Pour quelles raisons précises est-il ridicule ?

2. En dépit de son enthousiasme et de sa bonne volonté, le héros vous paraît-il devoir faire des progrès ? Justifiez votre réponse.

3. Quelle sorte de gens sa lubie attire-t-elle autour de lui ? À quels moments précis voit-on que les maîtres de M. Jourdain sont intéressés et qu'ils exploitent sa lubie ?

GENRES : l'ivresse de la fête

4. L'action de la pièce n'est pas encore engagée à la fin du premier acte, et l'on ne sait alors rien de la famille. Pourtant, le spectateur ne s'ennuie pas un instant. D'où vient cette atmosphère de fête qui règne dans la maison bourgeoise de M. Jourdain ?

ACTE II

MONSIEUR JOURDAIN. Voilà qui n'est point sot, et ces gens-là se trémoussent[1] bien.

MAÎTRE DE MUSIQUE. Lorsque la danse sera mêlée avec la musique, cela fera plus d'effet encore, et vous verrez quel-
5 que chose de galant[2] dans le petit ballet que nous avons ajusté pour vous.

MONSIEUR JOURDAIN. C'est pour tantôt au moins[3] ; et la personne pour qui j'ai fait faire tout cela, me doit faire l'honneur de venir dîner céans[4].

10 **MAÎTRE À DANSER.** Tout est prêt.

MAÎTRE DE MUSIQUE. Au reste, Monsieur, ce n'est pas assez : il faut qu'une personne comme vous, qui êtes magnifique[5], et qui avez de l'inclination[6] pour les belles choses, ait un concert de musique chez soi tous les mercre-
15 dis ou tous les jeudis.

MONSIEUR JOURDAIN. Est-ce que les gens de qualité[7] en ont ?

MAÎTRE DE MUSIQUE. Oui, Monsieur.

MONSIEUR JOURDAIN. J'en aurai donc. Cela sera-t-il
20 beau ?

---

1. **Se trémoussent** : s'agitent de façon vive et irrégulière.
2. **Galant** : « qui a l'air de la cour [...], qui tâche à plaire, et particulièrement au beau sexe » (dictionnaire de Furetière, 1690).
3. **Au moins** : sans faute.
4. **Dîner céans** : déjeuner à la maison. Au XVIIᵉ siècle, le *dîner* est le repas de midi, et le *souper* celui du soir.
5. **Magnifique** : qui vit dans le luxe et dépense sans compter.
6. **De l'inclination** : du goût.
7. **Les gens de qualité** : les nobles de naissance.

Jacques Charon (Maître à danser) et Louis Seigner (M. Jourdain)
dans la mise en scène de Jean Meyer, Comédie-Française, 1951.

MAÎTRE DE MUSIQUE. Sans doute. Il vous faudra trois voix : un dessus[1], une haute-contre[2], et une basse, qui seront accompagnées d'une basse de viole[3], d'un théorbe[4], et d'un clavecin pour les basses continues, avec deux dessus de violon pour jouer les ritornelles[5].

MONSIEUR JOURDAIN. Il y faudra mettre aussi une trompette marine[6]. La trompette marine est un instrument qui me plaît, et qui est harmonieux.

MAÎTRE DE MUSIQUE. Laissez-nous gouverner les choses.

MONSIEUR JOURDAIN. Au moins n'oubliez pas tantôt de m'envoyer des musiciens, pour chanter à table.

MAÎTRE DE MUSIQUE. Vous aurez tout ce qu'il vous faut.

MONSIEUR JOURDAIN. Mais surtout, que le ballet soit beau.

MAÎTRE DE MUSIQUE. Vous en serez content, et, entre autres choses, de certains menuets que vous y verrez.

MONSIEUR JOURDAIN. Ah ! les menuets[7] sont ma danse, et je veux que vous me les voyiez danser. Allons, mon maître.

MAÎTRE À DANSER. Un chapeau, Monsieur, s'il vous plaît. La, la, la ; la, la, la, la, la, la ; la, la, la, *bis* ; la, la, la ; la, la. En cadence, s'il vous plaît. La, la, la, la. La jambe droite. La, la,

---

1. **Un dessus** : un ténor.
2. **Une haute-contre** : un alto.
3. **Une basse de viole** (ou **viole de gambe**) : instrument à archet à peu près de la taille du violoncelle.
4. **Un théorbe** : espèce de grand luth (instrument de la famille de la guitare).
5. **Ritornelle** : « reprise qu'on fait des premiers vers d'une chanson » (dictionnaire de Furetière, 1690).
6. La **trompette marine** est un instrument à une seule corde fort grave et fort longue, fixée sur une caisse triangulaire et émettant une sorte de ronflement qui faisait penser à celui des conques des dieux marins ; les mendiants jouaient de cet instrument dans les rues.
7. Le **menuet** est une danse « dont les pas sont prompts et menus » (dictionnaire de Furetière, 1690), ce qui explique le pluriel employé par M. Jourdain.

la. Ne remuez point tant les épaules. La, la, la, la, la ; la, la, la, la, la. Vos deux bras sont estropiés. La, la, la, la, la. Haussez la
45 tête. Tournez la pointe du pied en dehors. La, la, la. Dressez votre corps.

MONSIEUR JOURDAIN. Euh ?

MAÎTRE DE MUSIQUE. Voilà qui est le mieux du monde.

MONSIEUR JOURDAIN. À propos. Apprenez-moi comme il
50 faut faire une révérence pour saluer une marquise : j'en aurai besoin tantôt.

MAÎTRE À DANSER. Une révérence pour saluer une marquise ?

MONSIEUR JOURDAIN. Oui : une marquise qui s'appelle
55 Dorimène.

MAÎTRE À DANSER. Donnez-moi la main.

MONSIEUR JOURDAIN. Non. Vous n'avez qu'à faire : je le retiendrai bien.

MAÎTRE À DANSER. Si vous voulez la saluer avec beaucoup
60 de respect, il faut faire d'abord une révérence en arrière, puis marcher vers elle avec trois révérences en avant, et à la dernière vous baisser jusqu'à ses genoux.

MONSIEUR JOURDAIN. Faites un peu. Bon.

PREMIER LAQUAIS. Monsieur, voilà votre maître d'armes
65 qui est là.

MONSIEUR JOURDAIN. Dis-lui qu'il entre ici pour me donner leçon. Je veux que vous me voyiez faire[1].

---

1. La seconde phrase est adressée au Maître de musique et au Maître à danser.

SITUER

L'entracte ne marque ici aucune interruption, car le spectateur retrouve les mêmes personnages et la même situation qu'à la fin de l'acte I, comme le montre la première réplique de M. Jourdain.

RÉFLÉCHIR

PERSONNAGES : le bourgeois et sa cour

1. Par quels détails se traduit la tension inquiète de M. Jourdain ?

2. Dans sa volonté naïve de faire oublier qu'il n'est qu'un bourgeois, M. Jourdain « en fait trop » ; à quel moment cela est-il sensible ? N'est-il pas quelque peu maladroit dans sa façon d'exercer l'autorité ? Citez les répliques qui permettent de le penser.

3. M. Jourdain s'écrie quand il est question des menuets : « Je veux que vous me les voyiez danser » ; quel trait de caractère révèle cette réplique ?

STRATÉGIES : les parasites

4. À quel moment a-t-on le sentiment que le Maître de musique cherche à tirer le plus de profit de la situation ?

5. Comment les maîtres s'y prennent-ils pour apaiser les inquiétudes du bourgeois ?

SOCIÉTÉ : les usages de la société noble

6. Comme les « gens de qualité* », auxquels il veut s'identifier, M. Jourdain désire organiser des concerts privés ; comme eux, il apprend à danser le menuet et à faire la triple révérence. Cependant, cela suffit-il pour qu'il ressemble à un noble ? Quelles sont ses remarques qui « sentent le bourgeois » ?

GENRES : le geste comique

7. Quelle image M. Jourdain donne-t-il de lui quand il danse le menuet ?

ÉCRIRE

8. Un ami du bourgeois lui demande qui est la personne mystérieuse à laquelle il destine cette triple révérence, mais celui-ci tergiverse pour ne pas répondre. Imaginez leur dialogue en une dizaine de répliques.

Scène 2. Maître d'armes, Maître de musique, Maître à danser, Monsieur Jourdain, deux laquais.

Maître d'armes, *après lui avoir mis le fleuret à la main.* Allons, Monsieur, la révérence[1]. Votre corps droit. Un peu penché sur la cuisse gauche. Les jambes point tant écartées. Vos pieds sur une même ligne. Votre poignet à
5 l'opposite[2] de votre hanche. La pointe de votre épée vis-à-vis de votre épaule. Le bras pas tout à fait si étendu. La main gauche à la hauteur de l'œil. L'épaule gauche plus quartée[3]. La tête droite. Le regard assuré. Avancez. Le corps ferme. Touchez-moi l'épée de quarte, et achevez de même. Une,
10 deux. Remettez-vous. Redoublez[4] de pied ferme. Une, deux. Un saut en arrière. Quand vous portez la botte[5], Monsieur, il faut que l'épée parte la première, et que le corps soit bien effacé. Une, deux. Allons, touchez-moi l'épée de tierce, et achevez de même. Avancez. Le corps ferme. Avan-
15 cez. Partez de là. Une, deux. Remettez-vous. Redoublez. Une, deux. Un saut en arrière. En garde, Monsieur, en garde.

Le Maître d'armes lui pousse deux ou trois bottes, en lui disant : « En garde. »

20 **Monsieur Jourdain.** Euh ?

Maître de musique. Vous faites des merveilles.

Maître d'armes. Je vous l'ai déjà dit, tout le secret des armes ne consiste qu'en deux choses, à donner, et à ne point recevoir ; et comme je vous fis voir l'autre jour par raison
25 démonstrative[6], il est impossible que vous receviez, si vous

---

1. **Révérence :** salut que s'adressent les duellistes avant l'assaut.
2. **À l'opposite :** à l'opposé.
3. **Quartée :** tournée pour esquiver (*quarter*, c'est « ôter son corps hors de la ligne » pour esquiver, selon le dictionnaire de Furetière).
4. **Redoublez :** recommencez.
5. **Botte :** coup, en termes d'escrime.
6. **Par raison démonstrative :** au moyen d'un raisonnement convaincant.

La leçon d'armes dans Le Bourgeois Gentilhomme, XVIIIe siècle.

savez détourner l'épée de votre ennemi de la ligne de votre corps : ce qui ne dépend seulement que d'un petit mouvement du poignet ou en dedans, ou en dehors.

MONSIEUR JOURDAIN. De cette façon donc, un homme,
30 sans avoir du cœur[1], est sûr de tuer son homme, et de n'être point tué.

MAÎTRE D'ARMES. Sans doute. N'en vîtes-vous pas la démonstration ?

MONSIEUR JOURDAIN. Oui.

35 **MAÎTRE D'ARMES.** Et c'est en quoi l'on voit de quelle considération nous autres nous devons être dans un État[2], et combien la science des armes l'emporte hautement sur toutes les autres sciences inutiles, comme la danse, la musique, la…

40 **MAÎTRE À DANSER.** Tout beau[3], Monsieur le tireur d'armes : ne parlez de la danse qu'avec respect.

MAÎTRE DE MUSIQUE. Apprenez, je vous prie, à mieux traiter l'excellence de la musique.

MAÎTRE D'ARMES. Vous êtes de plaisantes gens, de vouloir
45 comparer vos sciences à la mienne !

MAÎTRE DE MUSIQUE. Voyez un peu l'homme d'importance !

MAÎTRE À DANSER. Voilà un plaisant animal, avec son plastron[4] !

50 **MAÎTRE D'ARMES.** Mon petit maître à danser, je vous ferais danser comme il faut. Et vous, mon petit musicien, je vous ferais chanter de la belle manière.

---

1. **Cœur :** courage.
2. Il est vrai que Louis XIV avait fait anoblir les six plus anciens maîtres d'armes de Paris, après vingt ans d'exercice (lettres patentes de 1656).
3. **Tout beau :** doucement, du calme.
4. **Plastron :** « pièce de cuir rembourrée que les escrimeurs portent sur la poitrine » (dictionnaire Le Robert).

SITUER

Le mouvement donné par l'acte I se prolonge, car un nouveau maître arrive qui va donner une leçon d'escrime à M. Jourdain.

RÉFLÉCHIR

PERSONNAGES : tout s'éclaire

1. À quelles expressions sent-on que le Maître d'armes est plus emporté que les deux autres maîtres ?

2. Quelle est l'attitude du Maître de musique pendant la leçon d'escrime ?

3. Un nouveau trait de caractère de M. Jourdain apparaît lors de la dispute ; quel est-il ?

GENRES : la montée du comique

4. En quoi la démonstration du maître d'armes est-elle comique ? En particulier, pourquoi la réplique « Sans doute ... démonstration » fait-elle rire ?

5. Montrez qu'il y a un *crescendo* dans la dispute (arguments, injures, puis menaces) et que la situation échappe progressivement à M. Jourdain. Quelle est la réplique qui déclenche les hostilités ?

MISE EN SCÈNE : les esprits s'échauffent

6. Imaginez la disposition des personnages durant cette scène. Restent-ils sur place ou se déplacent-ils ? Comment ? Justifiez votre réponse. Comment voyez-vous M. Jourdain réagir à la dispute ?

MAÎTRE À DANSER. Monsieur le batteur de fer, je vous apprendrai votre métier.

55 **MONSIEUR JOURDAIN**, *au Maître à danser.* Êtes-vous fou de l'aller quereller, lui qui entend la tierce et la quarte, et qui sait tuer un homme par raison démonstrative ?

MAÎTRE À DANSER. Je me moque de sa raison démonstrative, et de sa tierce et de sa quarte.

60 **MONSIEUR JOURDAIN.** Tout doux, vous dis-je.

MAÎTRE D'ARMES. Comment ? petit impertinent.

MONSIEUR JOURDAIN. Eh ! mon Maître d'armes !

MAÎTRE À DANSER. Comment ? grand cheval de carrosse[1].

MONSIEUR JOURDAIN. Eh ! mon Maître à danser.

65 **MAÎTRE D'ARMES.** Si je me jette sur vous…

MONSIEUR JOURDAIN. Doucement !

MAÎTRE À DANSER. Si je mets sur vous la main…

MONSIEUR JOURDAIN. Tout beau !

MAÎTRE D'ARMES. Je vous étrillerai[2] d'un air…

70 **MONSIEUR JOURDAIN.** De grâce !

MAÎTRE À DANSER. Je vous rosserai d'une manière…

MONSIEUR JOURDAIN. Je vous prie !

MAÎTRE DE MUSIQUE. Laissez-nous un peu lui apprendre à parler.

75 **MONSIEUR JOURDAIN.** Mon Dieu ! arrêtez-vous.

---

1. **Cheval de carrosse :** cheval de trait, lourd, sans race.
2. **Étriller :** battre, malmener.

SCÈNE 3. MAÎTRE DE PHILOSOPHIE, MAÎTRE DE MUSIQUE, MAÎTRE À DANSER, MAÎTRE D'ARMES, MONSIEUR JOURDAIN, LAQUAIS.

MONSIEUR JOURDAIN. Holà, Monsieur le philosophe, vous arrivez tout à propos avec votre philosophie. Venez un peu mettre la paix entre ces personnes-ci.

MAÎTRE DE PHILOSOPHIE. Qu'est-ce donc ? qu'y a-t-il,
5 Messieurs ?

MONSIEUR JOURDAIN. Ils se sont mis en colère pour la préférence[1] de leurs professions, jusqu'à se dire des injures, et en vouloir venir aux mains.

MAÎTRE DE PHILOSOPHIE. Hé quoi ? Messieurs, faut-il
10 s'emporter de la sorte ? et n'avez-vous point lu le docte[2] traité que Sénèque[3] a composé de la colère ? Y a-t-il rien de plus bas et de plus honteux que cette passion, qui fait d'un homme une bête féroce ? et la raison ne doit-elle pas être maîtresse de tous nos mouvements ?

15 **MAÎTRE À DANSER.** Comment, Monsieur, il vient nous dire des injures à tous deux, en méprisant la danse que j'exerce, et la musique dont il fait profession ?

MAÎTRE DE PHILOSOPHIE. Un homme sage est au-dessus de toutes les injures qu'on lui peut dire ; et la grande réponse
20 qu'on doit faire aux outrages, c'est la modération et la patience.

MAÎTRE D'ARMES. Ils ont tous deux l'audace de vouloir comparer leurs professions à la mienne.

MAÎTRE DE PHILOSOPHIE. Faut-il que cela vous émeuve ? Ce n'est pas de vaine gloire et de condition[4] que les hommes

---

1. **Préférence :** supériorité.
2. **Docte :** savant.
3. **Sénèque** est un philosophe stoïcien de l'Antiquité romaine, dont les œuvres enseignent à dominer les passions ; le Maître de philosophie fait ici allusion à *De Ira* (De la colère).
4. **Condition :** rang qu'on tient dans la société.

25 doivent disputer[1] entre eux ; et ce qui nous distingue parfaitement les uns des autres, c'est la sagesse et la vertu.

MAÎTRE À DANSER. Je lui soutiens que la danse est une science à laquelle on ne peut faire assez d'honneur.

MAÎTRE DE MUSIQUE. Et moi, que la musique en est une
30 que tous les siècles ont révérée[2].

MAÎTRE D'ARMES. Et moi, je leur soutiens à tous deux que la science de tirer des armes est la plus belle et la plus nécessaire de toutes les sciences.

MAÎTRE DE PHILOSOPHIE. Et que sera donc la philo-
35 sophie ? Je vous trouve tous trois bien impertinents de parler devant moi avec cette arrogance[3], et de donner impudemment le nom de science à des choses que l'on ne doit pas même honorer du nom d'art, et qui ne peuvent être comprises que sous le nom de métier misérable de gladiateur, de
40 chanteur, et de baladin[4] !

MAÎTRE D'ARMES. Allez, philosophe de chien.

MAÎTRE DE MUSIQUE. Allez, belître[5] de pédant.

MAÎTRE À DANSER. Allez, cuistre fieffé[6].

MAÎTRE DE PHILOSOPHIE. Comment ? marauds[7] que vous
45 êtes…

Le philosophe se jette sur eux, et tous trois le chargent de coups, et sortent en se battant.

MONSIEUR JOURDAIN. Monsieur le philosophe.

MAÎTRE DE PHILOSOPHIE. Infâmes ! coquins ! insolents !

50 **MONSIEUR JOURDAIN.** Monsieur le philosophe.

---

1. **Disputer :** discuter, s'entretenir.
2. **Révérée :** respectée, admirée.
3. **Arrogance :** insolence, mépris.
4. **Baladin :** terme péjoratif pour *danseur.*
5. **Bélître :** homme de rien, coquin.
6. **Cuistre fieffé :** prétentieux parfait, qui étale des connaissances mal assimilées.
7. **Marauds :** coquins.

SITUER

La maison du bourgeois continue de se remplir avec l'arrivée du Maître de philosophie.

RÉFLÉCHIR

PERSONNAGES : les roquets et le bonhomme

1. Cherchez dans un dictionnaire le sens du mot *philosophe*.

2. Le Maître de philosophie n'a-t-il pas finalement un trait de caractère en commun avec les trois autres ? Lequel, et à quoi le voyez-vous ?

3. La dernière réplique de la scène ne confirme-t-elle pas un trait de caractère de M. Jourdain ? Lequel ? Où cela est-il déjà apparu ?

STRUCTURES : le mouvement de la scène

4. Peut-on dire que la structure de cette scène est identique à celle de la précédente ? Pourquoi l'effet de surprise est-il encore plus drôle ici ?

5. À quel moment se fait le renversement de situation ? Était-il prévisible ? Relevez le vocabulaire et les formules (phrases interrogatives et formules à portée générale) qui permettent de penser d'abord que le philosophe est un sage.

6. Quelles sont les formules d'enchaînement qui marquent nettement l'hostilité des personnages ? (l. 29-35)

ÉCRIRE

7. Vous est-il arrivé de vous retrouver avec des amis pour faire du sport ou pour jouer, puis, à la suite d'un incident, de vous disputer ? Racontez la scène en soignant l'effet de contraste entre la joie du début et la déception ou la colère finale.

MAÎTRE D'ARMES. La peste l'animal[1] !

MONSIEUR JOURDAIN. Messieurs.

MAÎTRE DE PHILOSOPHIE. Impudents[2] !

MONSIEUR JOURDAIN. Monsieur le philosophe.

55 **MAÎTRE À DANSER.** Diantre soit de l'âne bâté[3] !

MONSIEUR JOURDAIN. Messieurs.

MAÎTRE DE PHILOSOPHIE. Scélérats !

MONSIEUR JOURDAIN. Monsieur le philosophe.

MAÎTRE DE MUSIQUE. Au diable l'impertinent !

60 **MONSIEUR JOURDAIN.** Messieurs.

MAÎTRE DE PHILOSOPHIE. Fripons ! gueux ! traîtres ! imposteurs !

Ils sortent.

MONSIEUR JOURDAIN. Monsieur le Philosophe, Messieurs,
65 Monsieur le Philosophe, Messieurs, Monsieur le Philosophe.
Oh ! battez-vous tant qu'il vous plaira : je n'y saurais que
faire, et je n'irai pas gâter ma robe pour vous séparer. Je serais
bien fou de m'aller fourrer parmi eux, pour recevoir quelque
coup qui me ferait mal.

SCÈNE 4. MAÎTRE DE PHILOSOPHIE,
MONSIEUR JOURDAIN.

MAÎTRE DE PHILOSOPHIE, *en raccommodant son
collet*[4]. Venons à notre leçon.

MONSIEUR JOURDAIN. Ah ! Monsieur, je suis fâché des
coups qu'ils vous ont donnés.

---

1. **La peste l'animal :** que la peste emporte cet animal.
2. **Impudents :** insolents.
3. **Diantre soit de l'âne bâté :** que cet âne aille au diable.
4. **Collet :** partie du vêtement, de toile blanche, que l'on portait sur le col de la veste (pourpoint).

5 **MAÎTRE DE PHILOSOPHIE.** Cela n'est rien. Un philosophe sait recevoir comme il faut les choses, et je vais composer contre eux une satire du style de Juvénal[1], qui les déchirera de la belle façon. Laissons cela. Que voulez-vous apprendre ?

MONSIEUR JOURDAIN. Tout ce que je pourrai, car j'ai
10 toutes les envies du monde d'être savant ; et j'enrage que mon père et ma mère ne m'aient pas fait bien étudier dans toutes les sciences, quand j'étais jeune.

MAÎTRE DE PHILOSOPHIE. Ce sentiment est raisonnable : *nam sine doctrina vita est quasi mortis imago*. Vous
15 entendez[2] cela, et vous savez le latin sans doute.

MONSIEUR JOURDAIN. Oui, mais faites comme si je ne le savais pas : expliquez-moi ce que cela veut dire.

MAÎTRE DE PHILOSOPHIE. Cela veut dire que sans la science, la vie est presque une image de la mort.

20 **MONSIEUR JOURDAIN.** Ce latin-là a raison.

MAÎTRE DE PHILOSOPHIE. N'avez-vous point quelques principes, quelques commencements des sciences ?

MONSIEUR JOURDAIN. Oh ! oui, je sais lire et écrire.

MAÎTRE DE PHILOSOPHIE. Par où vous plaît-il que nous
25 commencions ? Voulez-vous que je vous apprenne la logique[3] ?

MONSIEUR JOURDAIN. Qu'est-ce que c'est que cette logique ?

MAÎTRE DE PHILOSOPHIE. C'est elle qui enseigne les trois opérations de l'esprit[4].

---

1. **Juvénal**, poète latin de l'Antiquité, est l'auteur de violentes satires, ouvrages qui critiquent les mœurs, les vices et les ridicules des hommes.
2. **Vous entendez :** vous comprenez.
3. **Logique :** partie de la philosophie qui enseigne l'art de raisonner correctement.
4. **Les trois opérations de l'esprit** sont la conception ou perception, le jugement et le raisonnement. Les *universaux*, caractères communs aux individus d'une espèce, sont au nombre de cinq : le genre, l'espèce, la différence, le propre et l'accident. Il y avait dix *catégories* selon Aristote, philosophe grec de l'Antiquité : la substance, la quantité, la qualité, la relation, le lieu, le temps, la situation, la possession, l'action et la passion. Enfin, les *figures* étaient les différents types de raisonnements (syllogismes).

30 **MONSIEUR JOURDAIN**. Qui sont-elles[1], ces trois opérations de l'esprit ?

MAÎTRE DE PHILOSOPHIE. La première, la seconde, et la troisième. La première est de bien concevoir par le moyen des universaux. La seconde, de bien juger par le moyen des
35 catégories ; et la troisième, de bien tirer une conséquence par le moyen des figures *barbara, celarent, darii, ferio, baralipton*[2], etc.

MONSIEUR JOURDAIN. Voilà des mots qui sont trop rébarbatifs[3]. Cette logique-là ne me revient point. Apprenons
40 autre chose qui soit plus joli.

MAÎTRE DE PHILOSOPHIE. Voulez-vous apprendre la morale ?

MONSIEUR JOURDAIN. La morale ?

MAÎTRE DE PHILOSOPHIE. Oui.

45 **MONSIEUR JOURDAIN**. Qu'est-ce qu'elle dit cette morale ?

MAÎTRE DE PHILOSOPHIE. Elle traite de la félicité[4], enseigne aux hommes à modérer leurs passions, et…

MONSIEUR JOURDAIN. Non, laissons cela. Je suis bilieux comme tous les diables ; et il n'y a morale qui tienne, je me
50 veux mettre en colère tout mon soûl, quand il m'en prend envie.

MAÎTRE DE PHILOSOPHIE. Est-ce la physique que vous voulez apprendre ?

MONSIEUR JOURDAIN. Qu'est-ce qu'elle chante cette
55 physique ?

MAÎTRE DE PHILOSOPHIE. La physique est celle qui explique les principes des choses naturelles, et les propriétés du corps ; qui discourt de la nature des éléments, des métaux,

---

1. **Qui sont-elles** : quelles sont-elles.
2. Ces termes latins sont des moyens mnémotechniques, qui permettent, par association d'idées, de retenir la façon d'organiser un raisonnement.
3. **Rébarbatifs** : ennuyeux.
4. **Félicité** : bonheur.

des minéraux, des pierres, des plantes et des animaux, et
60 nous enseigne les causes de tous les météores, l'arc-en-ciel,
les feux volants[1], les comètes, les éclairs, le tonnerre, la
foudre, la pluie, la neige, la grêle, les vents et les tourbillons[2].

MONSIEUR JOURDAIN. Il y a trop de tintamarre là dedans,
trop de brouillamini[3].

65 **MAÎTRE DE PHILOSOPHIE.** Que voulez-vous donc que je
vous apprenne ?

MONSIEUR JOURDAIN. Apprenez-moi l'orthographe.

MAÎTRE DE PHILOSOPHIE. Très volontiers.

MONSIEUR JOURDAIN. Après vous m'apprendrez l'alma-
70 nach, pour savoir quand il y a de la lune et quand il n'y en a
point.

MAÎTRE DE PHILOSOPHIE. Soit. Pour bien suivre votre
pensée et traiter cette matière en philosophe, il faut
commencer selon l'ordre des choses, par une exacte connais-
75 sance de la nature des lettres, et de la différente manière de
les prononcer toutes. Et là-dessus j'ai à vous dire que les
lettres sont divisées en voyelles, ainsi dites voyelles parce
qu'elles expriment les voix[4] ; et en consonnes, ainsi appelées
consonnes parce qu'elles sonnent avec les voyelles, et ne font
80 que marquer les diverses articulations des voix. Il y a cinq
voyelles ou voix : A, E, I, O, U.

MONSIEUR JOURDAIN. J'entends[5] tout cela.

MAÎTRE DE PHILOSOPHIE. La voix A se forme en ouvrant
fort la bouche : A[6].

85 **MONSIEUR JOURDAIN.** A, A. Oui.

---

1. **Les feux volants :** les feux follets et les feux Saint-Elme des marins.
2. Il s'agit des **tourbillons** dus aux cyclones et aux ouragans.
3. **Brouillamini :** désordre, confusion.
4. **Voix :** sons.
5. **J'entends :** je comprends.
6. Molière s'inspire, pour cette leçon de phonétique, d'un ouvrage paru en 1668,
le *Discours physique de la parole*, de Cordemoy, académicien ami de Bossuet et
bientôt de La Bruyère.

MAÎTRE DE PHILOSOPHIE. La voix E se forme en rapprochant la mâchoire d'en bas de celle d'en haut : A, E.

MONSIEUR JOURDAIN. A, E, A, E. Ma foi ! oui. Ah ! que cela est beau !

90 **MAÎTRE DE PHILOSOPHIE.** Et la voix I en rapprochant encore davantage les mâchoires l'une de l'autre, et écartant les deux coins de la bouche vers les oreilles : A, E, I.

MONSIEUR JOURDAIN. A, E, I, I, I, I. Cela est vrai. Vive la science !

95 **MAÎTRE DE PHILOSOPHIE.** La voix O se forme en rouvrant les mâchoires, et rapprochant les lèvres par les deux coins, le haut et le bas : O.

MONSIEUR JOURDAIN. O, O. Il n'y a rien de plus juste. A, E, I, O, I, O. Cela est admirable ! I, O, I, O.

100 **MAÎTRE DE PHILOSOPHIE.** L'ouverture de la bouche fait justement comme un petit rond qui représente un O.

MONSIEUR JOURDAIN. O, O, O. Vous avez raison, O. Ah ! la belle chose, que de savoir quelque chose !

MAÎTRE DE PHILOSOPHIE. La voix U se forme en rappro-
105 chant les dents sans les joindre entièrement, et allongeant les deux lèvres en dehors, les approchant aussi l'une de l'autre sans les rejoindre tout à fait : U.

MONSIEUR JOURDAIN. U, U. Il n'y a rien de plus véritable : U.

110 **MAÎTRE DE PHILOSOPHIE.** Vos deux lèvres s'allongent comme si vous faisiez la moue : d'où vient que si vous la voulez faire à quelqu'un, et vous moquer de lui, vous ne sauriez lui dire que : U.

MONSIEUR JOURDAIN. U, U. Cela est vrai. Ah ! que n'ai-
115 je étudié plus tôt, pour savoir tout cela ?

MAÎTRE DE PHILOSOPHIE. Demain, nous verrons les autres lettres, qui sont les consonnes.

MONSIEUR JOURDAIN. Est-ce qu'il y a des choses aussi curieuses qu'à celles-ci ?

120 **MAÎTRE DE PHILOSOPHIE.** Sans doute. La consonne D, par exemple, se prononce en donnant du bout de la langue au-dessus des dents d'en haut : DA.

MONSIEUR JOURDAIN. DA, DA. Oui. Ah ! les belles choses ! les belles choses !

125 **MAÎTRE DE PHILOSOPHIE.** L'F en appuyant les dents d'en haut sur la lèvre de dessous : FA.

MONSIEUR JOURDAIN. FA, FA. C'est la vérité. Ah ! mon père et ma mère, que je vous veux de mal !

MAÎTRE DE PHILOSOPHIE. Et l'R, en portant le bout de la
130 langue jusqu'au haut du palais, de sorte qu'étant frôlée par l'air qui sort avec force, elle lui cède, et revient toujours au même endroit, faisant une manière de tremblement : RRA.

MONSIEUR JOURDAIN. R, R, RA ; R, R, R, R, R, RA. Cela est vrai. Ah ! l'habile homme que vous êtes ! et que j'ai
135 perdu de temps ! R, r, r, ra.

MAÎTRE DE PHILOSOPHIE. Je vous expliquerai à fond toutes ces curiosités.

MONSIEUR JOURDAIN. Je vous en prie. Au reste, il faut que je vous fasse une confidence. Je suis amoureux d'une
140 personne de grande qualité[1], et je souhaiterais que vous m'aidassiez à lui écrire quelque chose dans un petit billet que je veux laisser tomber à ses pieds.

MAÎTRE DE PHILOSOPHIE. Fort bien.

MONSIEUR JOURDAIN. Cela sera galant[2], oui.

145 **MAÎTRE DE PHILOSOPHIE.** Sans doute. Sont-ce des vers que vous lui voulez écrire ?

MONSIEUR JOURDAIN. Non, non, point de vers.

MAÎTRE DE PHILOSOPHIE. Vous ne voulez que de la prose ?

---

1. **De grande qualité :** de haute noblesse.
2. **Galant :** « qui a l'air de la cour [...], qui tâche à plaire, et particulièrement au beau sexe » (dictionnaire de Furetière, 1690).

150 **MONSIEUR JOURDAIN.** Non, je ne veux ni prose ni vers.

MAÎTRE DE PHILOSOPHIE. Il faut bien que ce soit l'un, ou l'autre.

MONSIEUR JOURDAIN. Pourquoi ?

MAÎTRE DE PHILOSOPHIE. Par la raison, Monsieur, qu'il
155 n'y a pour s'exprimer que la prose, ou les vers.

MONSIEUR JOURDAIN. Il n'y a que la prose ou les vers ?

MAÎTRE DE PHILOSOPHIE. Non, Monsieur : tout ce qui n'est point prose est vers ; et tout ce qui n'est point vers est prose.

160 **MONSIEUR JOURDAIN.** Et comme l'on parle qu'est-ce que c'est donc que cela ?

MAÎTRE DE PHILOSOPHIE. De la prose.

MONSIEUR JOURDAIN. Quoi ? quand je dis : « Nicole, apportez-moi mes pantoufles, et me donnez mon bonnet de
165 nuit », c'est de la prose ?

MAÎTRE DE PHILOSOPHIE. Oui, Monsieur.

MONSIEUR JOURDAIN. Par ma foi ! il y a plus de quarante ans que je dis de la prose sans que j'en susse rien, et je vous suis le plus obligé du monde de m'avoir appris cela. Je voudrais
170 donc lui mettre dans un billet : Belle Marquise, vos beaux yeux me font mourir d'amour ; mais je voudrais que cela fût mis d'une manière galante, que cela fût tourné gentiment[1].

MAÎTRE DE PHILOSOPHIE. Mettre que les feux de ses yeux réduisent votre cœur en cendres ; que vous souffrez nuit et
175 jour pour elle les violences d'un…

MONSIEUR JOURDAIN. Non, non, non, je ne veux point tout cela ; je ne veux que ce que je vous ai dit : *Belle Marquise, vos beaux yeux me font mourir d'amour.*

MAÎTRE DE PHILOSOPHIE. Il faut bien étendre un peu la
180 chose.

---

1. **Gentiment :** agréablement.

MONSIEUR JOURDAIN. Non, vous dis-je, je ne veux que ces seules paroles-là dans le billet ; mais tournées à la mode ; bien arrangées comme il faut. Je vous prie de me dire un peu, pour voir, les diverses manières dont on les peut mettre.

185 MAÎTRE DE PHILOSOPHIE. On les peut mettre premièrement comme vous avez dit : *Belle Marquise, vos beaux yeux me font mourir d'amour.* Ou bien : *D'amour mourir me font, belle Marquise, vos beaux yeux.* Ou bien : *Vos yeux beaux d'amour me font, belle Marquise, mourir.* Ou 190 bien : *Mourir vos beaux yeux, belle Marquise, d'amour me font.* Ou bien : *Me font vos yeux beaux mourir, belle Marquise, d'amour.*

MONSIEUR JOURDAIN. Mais de toutes ces façons-là, laquelle est la meilleure ?

195 MAÎTRE DE PHILOSOPHIE. Celle que vous avez dite : *Belle Marquise, vos beaux yeux me font mourir d'amour.*

MONSIEUR JOURDAIN. Cependant je n'ai point étudié, et j'ai fait cela tout du premier coup. Je vous remercie de tout mon cœur, et vous prie de venir demain de bonne heure.

200 MAÎTRE DE PHILOSOPHIE. Je n'y manquerai pas.

MONSIEUR JOURDAIN. Comment ? mon habit n'est point encore arrivé[1] ?

SECOND LAQUAIS. Non, Monsieur.

MONSIEUR JOURDAIN. Ce maudit tailleur me fait bien 205 attendre pour un jour où j'ai tant d'affaires. J'enrage. Que la fièvre quartaine[2] puisse serrer bien fort le bourreau de tailleur ! Au diable le tailleur ! La peste étouffe le tailleur ! Si je le tenais maintenant, ce tailleur détestable, ce chien de tailleur-là, ce traître de tailleur, je…

---

1. M. Jourdain s'adresse à son laquais.
2. **Fièvre quartaine :** fièvre intermittente qui « vient de quatre en quatre jours » (dictionnaire de Furetière, 1690).

SITUER

Après cette violente dispute, le calme revient. M. Jourdain reste seul avec le Maître de philosophie pour sa première leçon.

RÉFLÉCHIR

PERSONNAGES : la peinture du héros s'enrichit

1. Pourquoi les « découvertes » de M. Jourdain font-elles rire ? Que pensez-vous des adjectifs utilisés par le héros quand il fait une découverte frappante ?

2. Quelles sont les différentes matières que le bourgeois refuse d'apprendre et que pensez-vous des raisons qu'il donne ? Où se révèle son ignorance ?

3. Conçoit-il l'enseignement comme une formation de l'esprit ou comme l'apprentissage de choses immédiatement utiles ? Justifiez votre réponse.

4. Quel trait de caractère, déjà mentionné dans la scène, illustre la dernière réplique ?

GENRES : la belle chose, que de savoir quelque chose !

5. Quels sont les différents moments de la scène ?

6. Le mystérieux personnage qui préoccupe le héros se précise ; de quels éléments nouveaux disposons-nous ?

MISE EN SCÈNE : mise en scène, mise en sens

7. Il y a plusieurs façons de jouer un même rôle au théâtre : en comparant les photos 9 et 10 p. 8, précisez la façon dont ces deux mises en scène représentent le Maître de philosophie.

ÉCRIRE

8. Le Maître de philosophie, rentré chez lui, raconte la leçon à l'un de ses proches ; imaginez la scène.

SCÈNE 5. MAÎTRE TAILLEUR, GARÇON TAILLEUR, *portant l'habit de M. Jourdain,* MONSIEUR JOURDAIN, LAQUAIS.

MONSIEUR JOURDAIN. Ah vous voilà ! je m'allais mettre en colère contre vous.

MAÎTRE TAILLEUR. Je n'ai pas pu venir plus tôt, et j'ai mis vingt garçons après votre habit.

5 **MONSIEUR JOURDAIN.** Vous m'avez envoyé des bas de soie si étroits, que j'ai eu toutes les peines du monde à les mettre, et il y a déjà deux mailles de rompues.

MAÎTRE TAILLEUR. Ils ne s'élargiront que trop.

MONSIEUR JOURDAIN. Oui, si je romps toujours des
10 mailles. Vous m'avez aussi fait faire des souliers qui me blessent furieusement[1].

MAÎTRE TAILLEUR. Point du tout, Monsieur.

MONSIEUR JOURDAIN. Comment, point du tout ?

MAÎTRE TAILLEUR. Non, ils ne vous blessent point.

15 **MONSIEUR JOURDAIN.** Je vous dis qu'ils me blessent, moi.

MAÎTRE TAILLEUR. Vous vous imaginez cela.

MONSIEUR JOURDAIN. Je me l'imagine, parce que je le sens. Voyez la belle raison !

MAÎTRE TAILLEUR. Tenez, voilà le plus bel habit de la
20 cour, et le mieux assorti. C'est un chef-d'œuvre que d'avoir inventé un habit sérieux qui ne fût pas noir ; et je le donne en six coups[2] aux tailleurs les plus éclairés[3].

MONSIEUR JOURDAIN. Qu'est-ce que c'est que ceci ? Vous avez mis les fleurs en enbas[4].

---

1. **Furieusement :** terriblement.
2. **Je le donne en six coups :** formule de défi, empruntée au jeu.
3. **Les mieux éclairés :** les plus compétents.
4. **En enbas :** à l'envers, la tige en l'air.

25 **MAÎTRE TAILLEUR.** Vous ne m'aviez pas dit que vous les vouliez en enhaut.

MONSIEUR JOURDAIN. Est-ce qu'il faut dire cela ?

MAÎTRE TAILLEUR. Oui, vraiment. Toutes les personnes de qualité[1] les portent de la sorte.

30 **MONSIEUR JOURDAIN.** Les personnes de qualité portent les fleurs en enbas ?

MAÎTRE TAILLEUR. Oui, Monsieur.

MONSIEUR JOURDAIN. Oh ! voilà qui est donc bien.

MAÎTRE TAILLEUR. Si vous voulez, je les mettrai en
35 enhaut.

MONSIEUR JOURDAIN. Non, non.

MAÎTRE TAILLEUR. Vous n'avez qu'à dire.

MONSIEUR JOURDAIN. Non, vous dis-je ; vous avez bien fait. Croyez-vous que l'habit m'aille bien ?

40 **MAÎTRE TAILLEUR.** Belle demande ! Je défie un peintre, avec son pinceau, de vous faire rien de plus juste. J'ai chez moi un garçon qui, pour monter une rhingrave[2], est le plus grand génie du monde ; et un autre qui, pour assembler un pourpoint[3], est le héros de notre temps.

45 **MONSIEUR JOURDAIN.** La perruque, et les plumes sont-elles comme il faut ?

MAÎTRE TAILLEUR. Tout est bien.

MONSIEUR JOURDAIN, *en regardant l'habit du tailleur.* Ah, ah ! Monsieur le tailleur, voilà de mon étoffe
50 du dernier habit que vous m'avez fait. Je la reconnais bien.

MAÎTRE TAILLEUR. C'est que l'étoffe me sembla si belle, que j'en ai voulu lever un habit[4] pour moi.

---

1. Les personnes de qualité : les nobles de naissance.
2. Une rhingrave : « une culotte ou haut-de-chausses fort ample » (dictionnaire de Furetière, 1690), mise à la mode par un comte du Rhin *(Rheingraf)*.
3. Pourpoint : partie du vêtement correspondant à la veste.
4. J'en ai voulu lever un habit : j'ai voulu y prendre l'étoffe pour un habit.

MONSIEUR JOURDAIN. Oui, mais il ne fallait pas le lever avec le mien[1].

55 **MAÎTRE TAILLEUR.** Voulez-vous mettre votre habit ?

MONSIEUR JOURDAIN. Oui, donnez-le-moi.

MAÎTRE TAILLEUR. Attendez. Cela ne va pas comme cela. J'ai amené des gens pour vous habiller en cadence, et ces sortes d'habits se mettent avec cérémonie. Holà ! entrez, 60 vous autres. Mettez cet habit à Monsieur, de la manière que vous faites aux personnes de qualité.

Quatre garçons tailleurs entrent, dont deux lui arrachent le haut-de-chausses de ses exercices, et deux autres la camisole ; puis ils lui mettent son habit neuf ; et M. Jourdain se promène 65 *entre eux, et leur montre son habit, pour voir s'il est bien. Le tout à la cadence de toute la symphonie.*

GARÇON TAILLEUR. Mon gentilhomme[2], donnez, s'il vous plaît, aux garçons quelque chose pour boire.

MONSIEUR JOURDAIN. Comment m'appelez-vous ?

70 **GARÇON TAILLEUR.** Mon gentilhomme.

MONSIEUR JOURDAIN. « Mon gentilhomme ! » Voilà ce que c'est de se mettre en personne de qualité. Allez-vous-en demeurer toujours habillé en bourgeois, on ne vous dira point : « mon gentilhomme. » Tenez[3], voilà pour « Mon 75 gentilhomme. »

GARÇON TAILLEUR. Monseigneur, nous vous sommes bien obligés[4].

---

1. **Le lever avec le mien :** en prendre l'étoffe dans la pièce que j'ai payée pour mon habit.
2. Un **gentilhomme** appartient à la plus ancienne et plus prestigieuse noblesse ; *Monseigneur* est le titre qu'on donne à un duc et pair, à un évêque ou un archevêque, à un maréchal de France. *Votre Grandeur* se dit à des grands seigneurs qui n'ont pas droit au titre d'*Altesse*, titre réservé aux princes du sang ou aux princes souverains.
3. M. Jourdain donne un pourboire au garçon tailleur.
4. **Obligés :** reconnaissants.

MONSIEUR JOURDAIN. « Monseigneur », oh, oh ! « Monseigneur » ! Attendez, mon ami : « Monseigneur »
80 mérite quelque chose, et ce n'est pas une petite parole que « Monseigneur. » Tenez, voilà ce que Monseigneur vous donne.

GARÇON TAILLEUR. Monseigneur, nous allons boire tous à la santé de Votre Grandeur.

85 **MONSIEUR JOURDAIN**. « Votre Grandeur ! » Oh, oh, oh ! Attendez, ne vous en allez pas. À moi « Votre Grandeur ! » Ma foi, s'il va jusqu'à l'Altesse, il aura toute la bourse[1]. Tenez, voilà pour Ma Grandeur.

GARÇON TAILLEUR. Monseigneur, nous la remercions très
90 humblement de ses libéralités[2].

MONSIEUR JOURDAIN. Il a bien fait : je lui allais tout donner.

Les quatre garçons tailleurs se réjouissent par une danse, qui fait le second intermède.

---

1. M. Jourdain se parle à lui-même (en aparté). Ensuite, il s'adresse au garçon tailleur.
2. Ses libéralités : sa générosité.

SITUER

Dernière entrée, celle du Maître tailleur accompagné des garçons tailleurs.

RÉFLÉCHIR

PERSONNAGES : un amusant bras-de-fer

1. Quels sont les défauts du Maître tailleur ? À quels indices voit-on que c'est un personnage autoritaire ?

2. Pourquoi peut-on dire, bien qu'il ne soit pas flatteur, qu'il est un fin psychologue ? Comment procède-t-il pour mener M. Jourdain là où il veut ?

3. M. Jourdain a néanmoins un certain bon sens, puisqu'il voit que le tailleur a utilisé son étoffe ; mais pour quelle raison ne va-t-il pas plus loin ? Pourquoi rit-on de sa dernière réplique ?

STRATÉGIES : mon gentilhomme

4. Recherchez les hyperboles (voir p. 235) dans le discours du Maître tailleur.

5. En quoi réside précisément l'habileté du garçon tailleur face à M. Jourdain ?

ÉCRIRE

6. À la fin d'un match, les camarades de votre équipe vous reprochent, à raison, de les avoir fait perdre ; vous vous trouvez dans une situation embarrassante, car vous sentez bien que c'est vrai. Cependant, pour donner le change, vous vous montrez sûr de vous, et vous vous comportez avec autorité en attaquant le premier. Imaginez la scène.

PERSONNAGES

1. M. Jourdain nous est apparu comme un personnage naïf, autoritaire et poltron ; mais, à côté de ces défauts, ne présente-t-il pas des traits qui forcent la sympathie, malgré son ridicule ?

2. Désireux d'imiter les gens de qualité, il est encore loin d'avoir atteint l'idéal de l'honnête homme (voir note 3 p. 34). Pourquoi tous ses efforts portent-ils si peu de fruit ?

3. Quels sont les points communs entre les maîtres ? Qu'est-ce, au contraire, qui différencie leurs caractères ? Quel sens donnez-vous à leur ordre d'entrée en scène ?

GENRES

4. Le spectateur sait que M. Jourdain a une belle marquise en tête, mais, pour autant, l'intrigue est-elle nouée ?

5. Bien que les deux premiers actes présentent une série de sketches, qu'est-ce qui assure leur unité ?

6. Montrez comment l'intensité dramatique* monte depuis le début du spectacle jusqu'à l'acte II, scène 3, pour s'apaiser ensuite.

ACTE III

SCÈNE PREMIÈRE

MONSIEUR JOURDAIN *et ses deux Laquais.*

MONSIEUR JOURDAIN. Suivez-moi, que j'aille un peu montrer mon habit par la ville ; et surtout ayez soin tous deux de marcher immédiatement sur mes pas, afin qu'on voie bien que vous êtes à moi.

5 **LAQUAIS.** Oui, Monsieur.

MONSIEUR JOURDAIN. Appelez-moi Nicole, que je lui donne quelques ordres. Ne bougez, la voilà.

SCÈNE 2. NICOLE, MONSIEUR JOURDAIN, LAQUAIS.

MONSIEUR JOURDAIN. Nicole !

NICOLE. Plaît-il[1] ?

MONSIEUR JOURDAIN. Écoutez.

NICOLE, *rit.* Hi, hi, hi, hi, hi.

5 **MONSIEUR JOURDAIN.** Qu'as-tu à rire ?

NICOLE. Hi, hi, hi, hi, hi, hi.

MONSIEUR JOURDAIN. Que veut dire cette coquine-là ?

NICOLE. Hi, hi, hi. Comme vous voilà bâti[2] ! Hi, hi, hi.

MONSIEUR JOURDAIN. Comment donc ?

10 **NICOLE.** Ah, ah ! mon Dieu ! Hi, hi, hi, hi, hi.

MONSIEUR JOURDAIN. Quelle friponne est-ce là ! Te moques-tu de moi ?

NICOLE. Nenni[3], Monsieur, j'en serais bien fâchée. Hi, hi, hi, hi, hi, hi.

---

1. **Plaît-il ?** : que désirez-vous ?
2. **Bâti** : déguisé, accoutré.
3. **Nenni** : non (forme ancienne).

Moreau le Jeune (1741-1814), illustration pour *Le Bourgeois gentilhomme*.
(Paris, Bibliothèque nationale de France.)

15 **MONSIEUR JOURDAIN**. Je te baillerai[1] sur le nez, si tu ris davantage.

NICOLE. Monsieur, je ne puis pas m'en empêcher. Hi, hi, hi, hi, hi, hi.

MONSIEUR JOURDAIN. Tu ne t'arrêteras pas ?

20 **NICOLE**. Monsieur, je vous demande pardon ; mais vous êtes si plaisant, que je ne saurais me tenir de rire. Hi, hi, hi.

MONSIEUR JOURDAIN. Mais voyez quelle insolence !

NICOLE. Vous êtes tout à fait drôle comme cela. Hi, hi.

MONSIEUR JOURDAIN. Je te…

25 **NICOLE**. Je vous prie de m'excuser. Hi, hi, hi, hi.

MONSIEUR JOURDAIN. Tiens, si tu ris encore le moins du monde, je te jure que je t'appliquerai sur la joue le plus grand soufflet qui se soit jamais donné.

NICOLE. Hé bien, Monsieur, voilà qui est fait, je ne rirai 30 plus.

MONSIEUR JOURDAIN. Prends-y bien garde. Il faut que pour tantôt[2] tu nettoies…

NICOLE. Hi, hi.

MONSIEUR JOURDAIN. Que tu nettoies comme il faut…

35 **NICOLE**. Hi, hi.

MONSIEUR JOURDAIN. Il faut, dis-je, que tu nettoies la salle, et…

NICOLE. Hi, hi.

MONSIEUR JOURDAIN. Encore !

40 **NICOLE**. Tenez, Monsieur, battez-moi plutôt et me laissez rire tout mon soûl, cela me fera plus de bien. Hi, hi, hi, hi, hi.

MONSIEUR JOURDAIN. J'enrage.

---

1. **Je te baillerai :** je te donnerai des coups.
2. **Tantôt :** tout à l'heure.

NICOLE. De grâce, Monsieur, je vous prie de me laisser rire. Hi, hi, hi.

45 **MONSIEUR JOURDAIN.** Si je te prends…

NICOLE. Monsieur-eur, je crèverai, ai, si je ne ris. Hi, hi, hi.

MONSIEUR JOURDAIN. Mais a-t-on jamais vu une pendarde comme celle-là ? Qui me vient rire insolemment au nez, au lieu de recevoir mes ordres ?

50 **NICOLE.** Que voulez-vous que je fasse, Monsieur ?

MONSIEUR JOURDAIN. Que tu songes, coquine, à préparer ma maison pour la compagnie[1] qui doit venir tantôt.

NICOLE. Ah, par ma foi ! je n'ai plus envie de rire ; et toutes vos compagnies font tant de désordre céans[2], que ce
55 mot est assez pour me mettre en mauvaise humeur.

MONSIEUR JOURDAIN. Ne dois-je point pour toi fermer ma porte à tout le monde ?

NICOLE. Vous devriez au moins la fermer à certaines gens.

SCÈNE 3. MADAME JOURDAIN, MONSIEUR JOURDAIN, NICOLE, LAQUAIS.

MADAME JOURDAIN. Ah, ah ! voici une nouvelle histoire. Qu'est-ce que c'est donc, mon mari, que cet équipage-là[3] ? Vous moquez-vous du monde, de vous être fait enharnacher[4] de la sorte ? et avez-vous envie qu'on se raille[5]
5 partout de vous ?

MONSIEUR JOURDAIN. Il n'y a que des sots et des sottes, ma femme, qui se railleront de moi.

---

1. **Compagnie :** groupe d'amis.
2. **Céans :** ici, dans la maison.
3. **Équipage :** habit.
4. **Enharnacher :** accoutrer, habiller de façon ridicule.
5. **Qu'on se raille :** qu'on se moque.

▰ SITUER

Alors que M. Jourdain s'apprête à sortir, flanqué de ses deux laquais, il fait appeler sa servante Nicole, qui ne l'a pas encore vu dans son nouvel habit.

▰ RÉFLÉCHIR

SOCIÉTÉ : maîtres et serviteurs

1. La servante est ici bien familière avec son maître, mais, d'une part, nous sommes au théâtre, et, d'autre part, il est vrai qu'au XVIIe siècle les serviteurs étaient souvent attachés « de père en fils » à une famille de maîtres, de sorte que leurs rapports n'étaient pas si distants et impersonnels qu'on l'imagine aujourd'hui. Connaissez-vous une autre pièce de Molière où les domestiques sont assez libres à l'égard de leur maître ?

PERSONNAGES : l'autorité bafouée

2. Pourquoi M. Jourdain se fâche-t-il contre Nicole ? Commentez la façon dont il s'adresse à ses laquais, puis à sa servante. A-t-il autant d'autorité sur elle que sur ses laquais ? Justifiez votre réponse.

3. Comment se manifeste l'aplomb de Nicole ?

4. Citez les répliques qui montrent son bon sens et sa sincérité.

REGISTRES ET TONALITÉS : un renversement soudain

La scène présente deux moments bien distincts ; sur quelle réplique le ton change-t-il ? Comment l'expliquez-vous ?

▰ ÉCRIRE

Nicole rencontre Covielle, son futur époux, et lui décrit l'accoutrement ridicule de M. Jourdain. Imaginez ce dialogue, sans doute haché à nouveau par son fou rire.

MADAME JOURDAIN. Vraiment on n'a pas attendu jusqu'à cette heure, et il y a longtemps que vos façons de faire
10 donnent à rire à tout le monde.

MONSIEUR JOURDAIN. Qui est donc tout ce monde-là, s'il vous plaît ?

MADAME JOURDAIN. Tout ce monde-là est un monde qui a raison, et qui est plus sage que vous. Pour moi, je suis
15 scandalisée de la vie que vous menez. Je ne sais plus ce que c'est que notre maison : on dirait qu'il est céans[1] carême-prenant[2] tous les jours ; et dès le matin, de peur d'y manquer, on y entend des vacarmes de violons et de chanteurs, dont tout le voisinage se trouve incommodé.

20 **NICOLE.** Madame parle bien. Je ne saurais plus voir mon ménage propre[3], avec cet attirail de gens que vous faites venir chez vous. Ils ont des pieds qui vont chercher de la boue dans tous les quartiers de la ville, pour l'apporter ici ; et la pauvre Françoise est presque sur les dents, à frotter les
25 planchers que vos biaux[4] maîtres viennent crotter régulièrement tous les jours.

MONSIEUR JOURDAIN. Ouais[5], notre servante Nicole, vous avez le caquet bien affilé[6] pour une paysanne.

MADAME JOURDAIN. Nicole a raison, et son sens[7] est
30 meilleur que le vôtre. Je voudrais bien savoir ce que vous pensez faire d'un maître à danser à l'âge que vous avez.

NICOLE. Et d'un grand maître tireur d'armes, qui vient, avec ses battements de pied, ébranler toute la maison, et nous déraciner tous les carriaux de notre salle ?

---

1. Qu'il est céans : qu'on est ici.

2. Carême-prenant : début du Carême, jour du mardi gras durant lequel on se déguise.

3. Je ne saurais plus voir mon ménage propre : je ne peux plus tenir ma maison propre.

4. Biaux : beaux (patois).

5. Ouais marque la surprise, mais n'est pas vulgaire au XVIIe siècle.

6. Caquet bien affilé : langue bien pendue.

7. Sens : jugement, bon sens.

35 **MONSIEUR JOURDAIN**. Taisez-vous, ma servante, et ma femme.

MADAME JOURDAIN. Est-ce que vous voulez apprendre à danser pour quand vous n'aurez plus de jambes ?

NICOLE. Est-ce que vous avez envie de tuer quelqu'un ?

40 **MONSIEUR JOURDAIN**. Taisez-vous, vous dis-je : vous êtes des ignorantes l'une et l'autre, et vous ne savez pas les prérogatives[1] de tout cela.

MADAME JOURDAIN. Vous devriez bien plutôt songer à marier votre fille, qui est en âge d'être pourvue[2].

45 **MONSIEUR JOURDAIN**. Je songerai à marier ma fille quand il se présentera un parti pour elle ; mais je veux songer aussi à apprendre les belles choses.

NICOLE. J'ai encore ouï dire, Madame, qu'il a pris aujourd'hui, pour renfort de potage[3], un maître de philo-
50 sophie.

MONSIEUR JOURDAIN. Fort bien : je veux avoir de l'esprit, et savoir raisonner des choses parmi les honnêtes gens.

MADAME JOURDAIN. N'irez-vous point l'un de ces jours au collège vous faire donner le fouet, à votre âge ?

55 **MONSIEUR JOURDAIN**. Pourquoi non ? Plût à Dieu l'avoir tout à l'heure[4], le fouet, devant tout le monde, et savoir ce qu'on apprend au collège !

NICOLE. Oui, ma foi ! Cela vous rendrait la jambe bien mieux faite[5].

60 **MONSIEUR JOURDAIN**. Sans doute[6].

---

1. **Prérogative :** « privilège, avantage qu'une personne a sur une autre » (dictionnaire de Furetière, 1690). M. Jourdain fait sans doute allusion aux avantages que lui confèrent l'instruction et la culture.
2. **Pourvue :** mariée.
3. **Pour renfort de potage :** pour corser le menu, pour couronner le tout.
4. **Tout à l'heure :** tout de suite.
5. **Cela vous rendrait... faite :** ça vous ferait une belle jambe.
6. **Sans doute :** sans aucun doute.

MADAME JOURDAIN.   Tout cela est fort nécessaire pour conduire votre maison.

MONSIEUR JOURDAIN.   Assurément. Vous parlez toutes deux comme des bêtes, et j'ai honte de votre ignorance. Par
65 exemple, savez-vous, vous, ce que c'est que vous dites à cette heure[1] ?

MADAME JOURDAIN.   Oui, je sais que ce que je dis est fort bien dit, et que vous devriez songer à vivre d'autre sorte.

MONSIEUR JOURDAIN.   Je ne parle pas de cela. Je vous
70 demande ce que c'est que les paroles que vous dites ici ?

MADAME JOURDAIN.   Ce sont des paroles bien sensées, et votre conduite ne l'est guère.

MONSIEUR JOURDAIN.   Je ne parle pas de cela, vous dis-je. Je vous demande : ce que je parle avec vous, ce que je vous
75 dis à cette heure, qu'est-ce que c'est ?

MADAME JOURDAIN.   Des chansons.

MONSIEUR JOURDAIN.   Hé non ! ce n'est pas cela. Ce que nous disons tous deux, le langage que nous parlons à cette heure ?

80 **MADAME JOURDAIN**.   Hé bien ?

MONSIEUR   JOURDAIN. Comment   est-ce   que   cela s'appelle ?

MADAME JOURDAIN. Cela s'appelle comme on veut l'appeler.

85 **MONSIEUR JOURDAIN**.   C'est de la prose, ignorante.

MADAME JOURDAIN.   De la prose ?

MONSIEUR JOURDAIN.   Oui, de la prose. Tout ce qui est prose, n'est point vers ; et tout ce qui n'est point vers, n'est point prose. Heu, voilà ce que c'est d'étudier. Et toi, sais-tu
90 bien comme il faut faire pour dire un U[2] ?

---

1. Cette dernière phrase est adressée à Mme Jourdain.
2. Cette dernière phrase est adressée à Nicole.

NICOLE. Comment ?

MONSIEUR JOURDAIN. Oui. Qu'est-ce que tu fais quand tu dis un U ?

NICOLE. Quoi ?

95 MONSIEUR JOURDAIN. Dis un peu, U, pour voir ?

NICOLE. Hé bien, U.

MONSIEUR JOURDAIN. Qu'est-ce que tu fais ?

NICOLE. Je dis, U.

MONSIEUR JOURDAIN. Oui ; mais quand tu dis U, qu'est-
100 ce que tu fais ?

NICOLE. Je fais ce que vous me dites.

MONSIEUR JOURDAIN. Ô l'étrange chose que d'avoir affaire à des bêtes ! Tu allonges les lèvres en dehors, et approches la mâchoire d'en haut de celle d'en bas : U, vois-
105 tu ? U, vois-tu ? Je fais la moue : U.

NICOLE. Oui, cela est biau.

MADAME JOURDAIN. Voilà qui est admirable.

MONSIEUR JOURDAIN. C'est bien autre chose, si vous aviez vu O, et DA, DA, et FA, FA.

110 MADAME JOURDAIN. Qu'est-ce que c'est donc que tout ce galimatias-là[1] ?

NICOLE. De quoi est-ce que tout cela guérit ?

MONSIEUR JOURDAIN. J'enrage quand je vois des femmes ignorantes.

115 MADAME JOURDAIN. Allez, vous devriez envoyer promener tous ces gens-là, avec leurs fariboles.

NICOLE. Et surtout ce grand escogriffe[2] de maître d'armes, qui remplit de poudre[3] tout mon ménage.

---

1. **Galimatias :** propos incompréhensibles.
2. **Escogriffe :** homme grand et mal bâti.
3. **Poudre :** poussière.

Vernet, illustration pour *Le Bourgeois gentilhomme*.
(Paris, Bibliothèque nationale de France.)

MONSIEUR JOURDAIN.   Ouais, ce maître d'armes vous
120 tient bien au cœur. Je te veux faire voir ton impertinence
tout à l'heure. *(Il fait apporter les fleurets, et en donne à
Nicole.)* Tiens. Raison démonstrative, la ligne du corps.
Quand on pousse en quarte, on n'a qu'à faire cela, et quand
on pousse en tierce, on n'a qu'à faire cela. Voilà le moyen
125 de n'être jamais tué ; et cela n'est-il pas beau, d'être assuré
de son fait, quand on se bat contre quelqu'un ? Là, pousse-
moi un peu pour voir.

NICOLE.   Hé bien, quoi ?

Nicole lui pousse plusieurs coups.

130 **MONSIEUR JOURDAIN.**   Tout beau, holà, oh ! doucement.
Diantre soit la coquine !

NICOLE.   Vous me dites de pousser.

MONSIEUR JOURDAIN.   Oui ; mais tu me pousses en tierce,
avant que de pousser en quarte, et tu n'as pas la patience que
135 je pare.

MADAME JOURDAIN.   Vous êtes fou, mon mari, avec toutes
vos fantaisies, et cela vous est venu depuis que vous vous
mêlez de hanter[1] la noblesse.

MONSIEUR JOURDAIN.   Lorsque je hante la noblesse, je fais
140 paraître mon jugement, et cela est plus beau que de hanter
votre bourgeoisie.

MADAME JOURDAIN.   Çamon[2] vraiment ! il y a fort à
gagner à fréquenter vos nobles, et vous avez bien opéré[3] avec
ce beau Monsieur le comte dont vous vous êtes embéguiné[4].

145 **MONSIEUR JOURDAIN.**   Paix ! Songez à ce que vous dites.
Savez-vous bien, ma femme, que vous ne savez pas de qui
vous parlez, quand vous parlez de lui ? C'est une personne

---

1. **Hanter :** fréquenter de manière habituelle.
2. **Çamon :** oui, c'est sûr (interjection populaire).
3. **Vous avez bien opéré :** vous avez fait une bonne affaire, vous avez bien réussi.
4. **Dont vous vous êtes embéguiné :** pour lequel vous vous êtes pris subitement
d'amitié, de passion.

d'importance plus que vous ne pensez, un seigneur que l'on considère à la cour, et qui parle au Roi tout comme je vous
150 parle. N'est-ce pas une chose qui m'est tout à fait honorable, que l'on voie venir chez moi si souvent une personne de cette qualité, qui m'appelle son cher ami, et me traite comme si j'étais son égal ? Il a pour moi des bontés qu'on ne devinerait jamais ; et, devant tout le monde, il me fait des
155 caresses[1] dont je suis moi-même confus.

MADAME JOURDAIN. Oui, il a des bontés pour vous, et vous fait des caresses ; mais il vous emprunte votre argent.

MONSIEUR JOURDAIN. Hé bien ! ne m'est-ce pas de l'honneur, de prêter de l'argent à un homme de cette condi-
160 tion-là ? et puis-je faire moins pour un seigneur qui m'appelle son cher ami ?

MADAME JOURDAIN. Et ce seigneur que fait-il pour vous ?

MONSIEUR JOURDAIN. Des choses dont on serait étonné, si on les savait.

165 MADAME JOURDAIN. Et quoi ?

MONSIEUR JOURDAIN. Baste[2], je ne puis pas m'expliquer. Il suffit que si je lui ai prêté de l'argent, il me le rendra bien, et avant qu'il soit peu.

MADAME JOURDAIN. Oui, attendez-vous à cela.

170 MONSIEUR JOURDAIN. Assurément : ne me l'a-t-il pas dit ?

MADAME JOURDAIN. Oui, oui : il ne manquera pas d'y faillir[3].

MONSIEUR JOURDAIN. Il m'a juré sa foi de gentilhomme.

175 MADAME JOURDAIN. Chansons.

---

1. **Caresses :** flatteries, « démonstrations d'amitié ou de bienveillance » (dictionnaire de Furetière, 1690).
2. **Baste :** ça suffit (de l'italien *basta*).
3. **D'y faillir :** de se dérober.

ACTE III   SCÈNE 3

■ **SITUER**

Nous découvrons progressivement la famille du héros, avec l'entrée de Mme Jourdain, qui se montre résolument hostile aux lubies de son mari.

■ **RÉFLÉCHIR**

PERSONNAGES : M. Jourdain incompris

1. M. Jourdain n'est pas aussi rayonnant au milieu de sa famille qu'avec les gens de qualité ou ses maîtres ; montrez qu'il ressent une sorte de lassitude agacée. En quoi cette scène éclaire-t-elle d'une lumière nouvelle son attitude à l'acte I ?

2. Ne prononce-t-il pas, malgré son ridicule, quelques répliques qui forcent la sympathie ? Citez-les.

3. Relevez, dans les répliques de Mme Jourdain, le vocabulaire et les signes de ponctuation qui traduisent son irritation.

4. Voyez-vous Mme Jourdain comme une femme équilibrée et de bon sens, ou comme un esprit prosaïque et terre-à-terre ? Justifiez votre réponse.

5. L'intrigue commence à se nouer : Mme Jourdain fait allusion au mariage de sa fille, et il est à nouveau question d'un personnage absent, Dorante, dont chacun se fait une image différente. Dressez la liste de ses qualités et de ses défauts.

STRATÉGIES : la résistance s'organise

6. Comment Molière souligne-t-il, au début de certaines répliques, l'alliance existant entre la maîtresse et sa servante ?

7. Comment M. Jourdain s'y prend-il pour épater les siens et les rabaisser ? Pourquoi n'y réussit-il pas ?

GENRES : l'escrimeur ridicule

8. Comment M. Jourdain explique-t-il son impuissance au fleuret devant Nicole ? Pourquoi est-ce comique et en quoi ressemble-t-il ici au Maître d'armes ?

MONSIEUR JOURDAIN. Ouais, vous êtes bien obstinée, ma femme. Je vous dis qu'il me tiendra parole, j'en suis sûr.

MADAME JOURDAIN. Et moi, je suis sûre que non, et que toutes les caresses qu'il vous fait ne sont que pour vous enjôler.

180 **MONSIEUR JOURDAIN.** Taisez-vous : le voici.

MADAME JOURDAIN. Il ne nous faut plus que cela. Il vient peut-être encore vous faire quelque emprunt ; et il me semble que j'ai dîné quand je le vois[1].

MONSIEUR JOURDAIN. Taisez-vous, vous dis-je.

SCÈNE 4. DORANTE, MONSIEUR JOURDAIN, MADAME JOURDAIN, NICOLE.

DORANTE. Mon cher ami, Monsieur Jourdain[2], comment vous portez-vous ?

MONSIEUR JOURDAIN. Fort bien, Monsieur, pour vous rendre mes petits services.

5 **DORANTE.** Et Madame Jourdain que voilà, comment se porte-t-elle ?

MADAME JOURDAIN. Madame Jourdain se porte comme elle peut.

DORANTE. Comment, Monsieur Jourdain ? vous voilà le 10 plus propre[3] du monde !

MONSIEUR JOURDAIN. Vous voyez.

DORANTE. Vous avez tout à fait bon air avec cet habit, et nous n'avons point de jeunes gens à la cour qui soient mieux faits que vous.

15 **MONSIEUR JOURDAIN.** Hay, hay.

MADAME JOURDAIN. Il le gratte par où il se démange[4].

---

1. « On dit quand on voit quelque chose qui déplaît : il me semble que j'ai dîné » (dictionnaire de Furetière, 1690). On dirait aujourd'hui : *ça me coupe l'appétit.*
2. En appelant M. Jourdain par son nom, Dorante le remet à sa place et le traite comme un inférieur.
3. **Propre :** élégant.
4. « On dit proverbialement que l'*on gratte un homme où il lui démange* pour dire qu'on fait ou qu'on dit quelque chose qui lui plaît et à quoi il est extrêmement sensible » (dictionnaire de l'Académie, 1694).

DORANTE. Tournez-vous. Cela est tout à fait galant.

MADAME JOURDAIN. Oui, aussi sot par derrière que par devant[1].

20 **DORANTE.** Ma foi ! Monsieur Jourdain, j'avais une impatience étrange[2] de vous voir. Vous êtes l'homme du monde que j'estime le plus, et je parlais de vous encore ce matin dans la chambre du Roi.

MONSIEUR JOURDAIN. Vous me faites beaucoup d'honneur, 25 Monsieur. *(À Madame Jourdain.)* Dans la chambre du Roi !

DORANTE. Allons, mettez[3]…

MONSIEUR JOURDAIN. Monsieur, je sais le respect que je vous dois.

DORANTE. Mon Dieu ! mettez : point de cérémonie entre 30 nous, je vous prie.

MONSIEUR JOURDAIN. Monsieur…

DORANTE. Mettez, vous dis-je, Monsieur Jourdain : vous êtes mon ami.

MONSIEUR JOURDAIN. Monsieur, je suis votre serviteur.

35 **DORANTE.** Je ne me couvrirai point, si vous ne vous couvrez.

MONSIEUR JOURDAIN. J'aime mieux être incivil qu'importun[4].

DORANTE. Je suis votre débiteur[5], comme vous le savez.

MADAME JOURDAIN. Oui, nous ne le savons que trop[6].

---

1. Madame Jourdain dit cette phrase en aparté, c'est-à-dire qu'elle n'est pas entendue par les autres personnages.
2. **Étrange :** surprenante, très forte.
3. **Mettez :** mettez votre chapeau, couvrez-vous.
4. Formule traditionnelle et banale de politesse bourgeoise qui signifie *j'aime mieux être impoli qu'agaçant.* Monsieur Jourdain dit cela en remettant son chapeau.
5. **Débiteur :** celui qui doit de l'argent.
6. Mme Jourdain dit cette phrase en aparté, c'est-à-dire qu'elle n'est pas entendue par les autres personnages.

40 **DORANTE.** Vous m'avez généreusement prêté de l'argent en plusieurs occasions, et m'avez obligé de la meilleure grâce du monde, assurément.

MONSIEUR JOURDAIN. Monsieur, vous vous moquez.

DORANTE. Mais je sais rendre ce qu'on me prête, et recon-
45 naître les plaisirs qu'on me fait.

MONSIEUR JOURDAIN. Je n'en doute point, Monsieur.

DORANTE. Je veux sortir d'affaire avec vous, et je viens ici pour faire nos comptes ensemble.

MONSIEUR JOURDAIN. Hé bien ! vous voyez votre imper-
50 tinence, ma femme[1].

DORANTE. Je suis homme qui aime à m'acquitter[2] le plus tôt que je puis.

MONSIEUR JOURDAIN. Je vous le disais bien.

DORANTE. Voyons un peu ce que je vous dois.

55 **MONSIEUR JOURDAIN.** Vous voilà, avec vos soupçons ridicules.

DORANTE. Vous souvenez-vous bien de tout l'argent que vous m'avez prêté ?

MONSIEUR JOURDAIN. Je crois que oui. J'en ai fait un
60 petit mémoire. Le voici. Donné à vous une fois deux cents louis[3].

DORANTE. Cela est vrai.

MONSIEUR JOURDAIN. Une autre fois, six-vingts[4].

DORANTE. Oui.

---

1. Dans cette réplique, M. Jourdain s'adresse à sa femme en aparté, pour ne pas être entendu de Dorante, ainsi que dans ses deux répliques suivantes.
2. **M'acquitter :** régler mes dettes.
3. **Louis :** pièce d'or valant onze livres, ou vingt sols.
4. **Six-vingts :** cent vingt (six fois vingt). *Cf.* notre « quatre-vingts » actuel (quatre fois vingt).

65 **MONSIEUR JOURDAIN.** Et une autre fois, cent quarante.

DORANTE. Vous avez raison.

MONSIEUR JOURDAIN. Ces trois articles font quatre cent soixante louis, qui valent cinq mille soixante livres.

DORANTE. Le compte est fort bon. Cinq mille soixante livres.

70 **MONSIEUR JOURDAIN.** Mille huit cent trente-deux livres à votre plumassier[1].

DORANTE. Justement.

MONSIEUR JOURDAIN. Deux mille sept cent quatre-vingts livres à votre tailleur.

75 **DORANTE.** Il est vrai.

MONSIEUR JOURDAIN. Quatre mille trois cent septante-neuf livres douze sols huit deniers[2] à votre marchand[3].

DORANTE. Fort bien. Douze sols huit deniers : le compte est juste.

80 **MONSIEUR JOURDAIN.** Et mille sept cent quarante-huit livres sept sols quatre deniers à votre sellier[4].

DORANTE. Tout cela est véritable. Qu'est-ce que cela fait ?

MONSIEUR JOURDAIN. Somme totale, quinze mille huit cents livres.

85 **DORANTE.** Somme totale est juste : quinze mille huit cents livres. Mettez encore deux cents pistoles[5] que vous m'allez donner, cela fera justement dix-huit mille francs, que je vous payerai au premier jour.

MADAME JOURDAIN. Hé bien ! ne l'avais-je pas bien deviné[6] ?

---

1. **Plumassier :** « marchand qui vend et qui prépare les plumes pour mettre sur les chapeaux, les lits et les dais » (dictionnaire de Furetière, 1690).
2. **Denier :** le douzième du sol (ou sou).
3. Au XVIIe siècle, les grands seigneurs choisissaient un marchand unique, qui leur fournissait tout ce qui était nécessaire à leur maison.
4. **Sellier :** artisan qui travaille le cuir, pour les selles notamment.
5. **Pistole :** monnaie d'or valant également onze livres.
6. Mme Jourdain parle à son mari en aparté, pendant tout le passage qui suit, et il lui répond de même.

90 **MONSIEUR JOURDAIN.** Paix !

DORANTE. Cela vous incommodera-t-il, de me donner ce que je vous dis ?

MONSIEUR JOURDAIN. Eh non !

MADAME JOURDAIN. Cet homme-là fait de vous une
95 vache à lait.

MONSIEUR JOURDAIN. Taisez-vous.

DORANTE. Si cela vous incommode, j'en irai chercher ailleurs.

MONSIEUR JOURDAIN. Non, Monsieur.

100 **MADAME JOURDAIN.** Il ne sera pas content, qu'il ne vous ait ruiné.

MONSIEUR JOURDAIN. Taisez-vous, vous dis-je.

DORANTE. Vous n'avez qu'à me dire si cela vous embarrasse.

105 **MONSIEUR JOURDAIN.** Point, Monsieur.

MADAME JOURDAIN. C'est un vrai enjôleux[1].

MONSIEUR JOURDAIN. Taisez-vous donc.

MADAME JOURDAIN. Il vous sucera jusqu'au dernier sou.

MONSIEUR JOURDAIN. Vous tairez-vous ?

110 **DORANTE.** J'ai force gens[2] qui m'en prêteraient avec joie ; mais comme vous êtes mon meilleur ami, j'ai cru que je vous ferais tort si j'en demandais à quelque autre.

MONSIEUR JOURDAIN. C'est trop d'honneur, Monsieur, que vous me faites. Je vais quérir[3] votre affaire.

115 **MADAME JOURDAIN.** Quoi ? vous allez encore lui donner cela ?

---

1. **Enjôleux** : enjôler, trompeur.
2. **Force gens** : de nombreuses personnes.
3. **Quérir** : chercher.

MONSIEUR JOURDAIN. Que faire ? voulez-vous que je refuse un homme de cette condition-là, qui a parlé de moi ce matin dans la chambre du Roi ?

120 **MADAME JOURDAIN.** Allez, vous êtes une vraie dupe.

SCÈNE 5. DORANTE, MADAME JOURDAIN, NICOLE.

DORANTE. Vous me semblez toute mélancolique[1] : qu'avez-vous, Madame Jourdain ?

MADAME JOURDAIN. J'ai la tête plus grosse que le poing, et si[2] elle n'est pas enflée.

5 **DORANTE.** Mademoiselle votre fille, où est-elle, que je ne la vois point ?

MADAME JOURDAIN. Mademoiselle ma fille est bien où elle est.

DORANTE. Comment se porte-t-elle ?

10 **MADAME JOURDAIN.** Elle se porte sur ses deux jambes.

DORANTE. Ne voulez-vous point un de ces jours venir voir, avec elle, le ballet et la comédie que l'on fait[3] chez le Roi ?

MADAME JOURDAIN. Oui vraiment, nous avons fort envie de rire, fort envie de rire nous avons.

15 **DORANTE.** Je pense, Madame Jourdain, que vous avez eu bien des amants[4] dans votre jeune âge, belle et d'agréable humeur comme vous étiez.

MADAME JOURDAIN. Trédame[5], Monsieur, est-ce que Madame Jourdain est décrépite[6], et la tête lui grouille-t-elle[7]
20 déjà ?

---

1. **Mélancolique** : d'humeur sombre ici.
2. **Et si** : et pourtant (forme populaire).
3. **Fait** : joue.
4. **Amants** : amoureux, soupirants.
5. **Trédame** : abréviation de « Notre-Dame » (exclamation populaire).
6. **Décrépite** : vieille, usée.
7. **Grouille** : branle, tremble.

DORANTE. Ah, ma foi ! Madame Jourdain, je vous demande pardon. Je ne songeais pas que vous êtes jeune, et je rêve[1] le plus souvent. Je vous prie d'excuser mon impertinence.

SCÈNE 6. MONSIEUR JOURDAIN, MADAME JOURDAIN, DORANTE, NICOLE.

MONSIEUR JOURDAIN. Voilà deux cents louis bien comptés.

DORANTE. Je vous assure, Monsieur Jourdain, que je suis tout à vous, et que je brûle de vous rendre un service à la cour.

5 **MONSIEUR JOURDAIN.** Je vous suis trop obligé.

DORANTE. Si Madame Jourdain veut voir le divertissement royal[2], je lui ferai donner les meilleures places de la salle.

MADAME JOURDAIN. Madame Jourdain vous baise les
10 mains[3].

DORANTE, *bas à M. Jourdain.* Notre belle marquise, comme je vous ai mandé[4] par mon billet, viendra tantôt ici pour le ballet et le repas ; je l'ai fait consentir enfin au cadeau[5] que vous lui voulez donner.

15 **MONSIEUR JOURDAIN.** Tirons-nous[6] un peu plus loin, pour cause[7].

DORANTE. Il y a huit jours que je ne vous ai vu, et je ne vous ai point mandé de nouvelles du diamant que vous me mîtes entre les mains pour lui en faire présent de votre
20 part ; mais c'est que j'ai eu toutes les peines du monde à

---

1. **Je rêve** : je suis distrait.
2. **Divertissement royal** : spectacle avec musique et ballets donné à la cour.
3. Formule de refus très froid, en raison de l'emploi de la troisième personne.
4. **Je vous ai mandé** : je vous en ai informé.
5. **Cadeau** : repas que l'on offre à une dame hors de chez soi, en général à la campagne.
6. **Tirons-nous** : retirons-nous (la formule est très correcte au XVIIᵉ siècle).
7. **Pour cause** : à cause de la présence de mon épouse et de Nicole.

SITUER

Dorante, l'« ami » noble de M. Jourdain, paraît enfin, sous l'œil attendri du maître de maison et les regards soupçonneux de son épouse.

RÉFLÉCHIR

SOCIÉTÉ : la noblesse décadente

1. S'il est vrai que Dorante a accès à la chambre du roi, c'est qu'il est un très grand seigneur du royaume, apparemment endetté comme l'étaient effectivement la plupart des nobles. Recherchez dans une autre pièce de Molière, *George Dandin*, une scène montrant des nobles peu sympathiques. Pour quelle raison le sont-ils ?

STRATÉGIES : l'habile parasite

2. Recherchez les hyperboles* que Dorante utilise dans la flatterie.

3. Relevez les marques de contentement de M. Jourdain. À quoi est-il surtout sensible ?

4. Combien de répliques Dorante prononce-t-il entre le moment où il annonce qu'il va rembourser M. Jourdain et celui où il lui demande un nouveau prêt ? Pourquoi est-ce si long ?

DRAMATURGIE : une scène tendue

5. Quel est le personnage qui crée la tension dramatique dans la scène 4 ? Y a-t-il vraiment une conversation à trois ? Justifiez votre réponse. Relevez et classez les différents indices (vocabulaire, tournures, ponctuation, apartés*) qui trahissent la rudesse de ton de Mme Jourdain.

MISE EN SCÈNE : le jeu des acteurs

6. Si vous étiez metteur en scène, comment disposeriez-vous les acteurs sur le plateau pour que les apartés qu'ils prononcent soient vraisemblables ?

ÉCRIRE

7. Votre père, qui aime passionnément la chasse, invite à déjeuner un vieil ami d'enfance qui est au contraire écologiste et défenseur de la nature. On vous a bien recommandé de ne pas parler de chasse, mais, par distraction, vous commettez un impair quand la discussion porte sur les animaux. Racontez la scène, en essayant de bien décrire votre embarras, ainsi que les attitudes de votre père, de son ami et de votre mère au moment critique.

vaincre son scrupule, et ce n'est que d'aujourd'hui qu'elle s'est résolue à l'accepter.

MONSIEUR JOURDAIN. Comment l'a-t-elle trouvé ?

DORANTE. Merveilleux ; et je me trompe fort, ou la beauté
25 de ce diamant fera pour vous sur son esprit un effet admirable.

MONSIEUR JOURDAIN. Plût au Ciel !

MADAME JOURDAIN. Quand il est une fois avec lui, il ne peut le quitter[1].

DORANTE. Je lui ai fait valoir comme il faut la richesse de
30 ce présent et la grandeur de votre amour.

MONSIEUR JOURDAIN. Ce sont, Monsieur, des bontés qui m'accablent ; et je suis dans une confusion la plus grande du monde, de voir une personne de votre qualité[2] s'abaisser pour moi à ce que vous faites.

35 **DORANTE.** Vous moquez-vous ? est-ce qu'entre amis on s'arrête à ces sortes de scrupules ? et ne feriez-vous pas pour moi la même chose, si l'occasion s'en offrait ?

MONSIEUR JOURDAIN. Ho ! assurément, et de très grand cœur.

40 **MADAME JOURDAIN.** Que sa présence me pèse sur les épaules[3] !

DORANTE. Pour moi, je ne regarde rien, quand il faut servir un ami ; et lorsque vous me fîtes confidence de l'ardeur que vous aviez prise pour cette marquise agréable
45 chez qui j'avais commerce[4], vous vîtes que d'abord je m'offris de moi-même à servir votre amour.

MONSIEUR JOURDAIN. Il est vrai, ce sont des bontés qui me confondent.

---

1. Mme Jourdain et Nicole se parlent à l'écart.
2. **Les personnes de qualité :** les nobles de naissance.
3. « On dit d'un importun qu'on l'a toujours sur les épaules » (dictionnaire de Furetière, 1690).
4. **Avoir commerce :** être en relations.

MADAME JOURDAIN. Est-ce qu'il ne s'en ira point ?

50 **NICOLE.** Ils se trouvent bien ensemble.

DORANTE. Vous avez pris le bon biais[1] pour toucher son cœur : les femmes aiment surtout les dépenses qu'on fait pour elles ; et vos fréquentes sérénades, et vos bouquets continuels, ce superbe feu d'artifice qu'elle trouva sur l'eau, 55 le diamant qu'elle a reçu de votre part, et le cadeau que vous lui préparez, tout cela lui parle bien mieux en faveur de votre amour que toutes les paroles que vous auriez pu lui dire vous-même.

MONSIEUR JOURDAIN. Il n'y a point de dépenses que je 60 ne fisse[2], si par là je pouvais trouver le chemin de son cœur. Une femme de qualité[3] a pour moi des charmes ravissants, et c'est un honneur que j'achèterais au prix de toute chose.

MADAME JOURDAIN. Que peuvent-ils tant dire ensemble ? Va-t'en un peu tout doucement prêter l'oreille.

65 **DORANTE.** Ce sera tantôt[4] que vous jouirez à votre aise du plaisir de sa vue, et vos yeux auront tout le temps de se satisfaire.

MONSIEUR JOURDAIN. Pour être en pleine liberté, j'ai fait en sorte que ma femme ira dîner chez ma sœur, où elle 70 passera toute l'après-dînée.

DORANTE. Vous avez fait prudemment, et votre femme aurait pu nous embarrasser. J'ai donné pour vous l'ordre qu'il faut au cuisinier, et à toutes les choses[5] qui sont nécessaires pour le ballet. Il est de mon invention ; et 75 pourvu que l'exécution puisse répondre à l'idée, je suis sûr qu'il sera trouvé...

---

1. **Biais** : moyen.
2. **Que je ne fisse** : que je ne ferais.
3. **Une femme de qualité** : une femme noble de naissance.
4. **Tantôt** : bientôt.
5. **À toutes les choses** : pour toutes les choses.

Dominique Valadié (Nicole) et Françoise Seigner (Madame Jourdain)
dans la mise en scène de Jean-Luc Boutté, Comédie-Française, 1986.

SITUER

La situation est la même que dans la scène précédente, mais M. Jourdain, qui est parti chercher de l'argent, revient.

RÉFLÉCHIR

PERSONNAGES : chassez le naturel...

1. Quels sont, dans les premières répliques de Dorante, les mots et les expressions qui doivent le plus toucher M. Jourdain ?

2. Montrez que M. Jourdain, malgré ses tentatives pour s'élever, reste toujours un marchand.

3. Quelles expressions laissent penser que Dorante agit pour son propre compte, et non en faveur de M. Jourdain, avec la marquise ? Pourquoi l'idée que Dorante pourrait le tromper et profiter de lui n'effleure-t-elle pas M. Jourdain ?

4. Est-il sensible à la personne de Dorimène ou à sa qualité de marquise ? Justifiez votre réponse.

STRATÉGIES : le soupirant

5. Comment M. Jourdain s'y prend-il pour séduire la marquise ? Qu'en pensez-vous ? Cette méthode spectaculaire s'explique-t-elle, selon vous, par sa générosité naturelle, par son amour, ou par quelque chose d'autre qui le pousse à « en faire trop » ?

MISE EN SCÈNE : le jeu du corps

6. Au théâtre, les attitudes et les mimiques des acteurs en disent long sur le caractère des personnages : décrivez celles de Mme Jourdain et de Nicole dans la mise en scène de Jean-Luc Boutté (photo ci-contre).

7. Que signifie symboliquement le fait que la porte soit seulement entrouverte ?

Monsieur jourdain *s'aperçoit que Nicole écoute, et lui donne un soufflet.* Ouais, vous êtes bien impertinente. Sortons, s'il vous plaît[1].

Scène 7. Madame Jourdain, Nicole.

Nicole. Ma foi ! Madame, la curiosité m'a coûté quelque chose ; mais je crois qu'il y a quelque anguille sous roche, et ils parlent de quelque affaire où ils ne veulent pas que vous soyez.

5 **Madame Jourdain.** Ce n'est pas d'aujourd'hui, Nicole, que j'ai conçu des soupçons de mon mari. Je suis la plus trompée du monde, ou il y a quelque amour en campagne[2], et je travaille à découvrir ce que ce peut être. Mais songeons à ma fille. Tu sais l'amour que Cléonte a pour elle. C'est un
10 homme qui me revient, et je veux aider sa recherche[3], et lui donner Lucile, si je puis.

Nicole. En vérité, Madame, je suis la plus ravie du monde de vous voir dans ces sentiments ; car, si le maître vous revient, le valet ne me revient pas moins, et je souhaiterais
15 que notre mariage se pût faire à l'ombre du leur.

Madame Jourdain. Va-t'en lui en parler de ma part, et lui dire que tout à l'heure il me vienne trouver, pour faire ensemble à mon mari la demande de ma fille.

Nicole. J'y cours, Madame, avec joie, et je ne pouvais
20 recevoir une commission plus agréable. Je vais, je pense, bien réjouir les gens.

---

1. Cette dernière phrase est adressée à Dorante.
2. En campagne : en train.
3. Recherche : cour qu'on fait à une femme.

SCÈNE 8. CLÉONTE, COVIELLE, NICOLE.

NICOLE. Ah ! vous voilà tout à propos. Je suis une ambassadrice de joie, et je viens…

CLÉONTE. Retire-toi, perfide, et ne me viens point amuser avec tes traîtresses paroles.

5 **NICOLE.** Est-ce ainsi que vous recevez… ?

CLÉONTE. Retire-toi, te dis-je, et va-t'en dire de ce pas à ton infidèle maîtresse qu'elle n'abusera de sa vie le trop simple Cléonte.

10 **NICOLE.** Quel vertigo[1] est-ce donc là ? Mon pauvre Covielle, dis-moi un peu ce que cela veut dire.

COVIELLE. Ton pauvre Covielle, petite scélérate ! Allons vite, ôte-toi de mes yeux, vilaine, et me laisse en repos.

NICOLE. Quoi ? tu me viens aussi…

15 **COVIELLE.** Ôte-toi de mes yeux, te dis-je, et ne me parle de ta vie.

NICOLE. Ouais[2] ! Quelle mouche les a piqués tous deux ? Allons de cette belle histoire informer ma maîtresse.

SCÈNE 9. CLÉONTE, COVIELLE.

CLÉONTE. Quoi ? traiter un amant[3] de la sorte, et un amant le plus fidèle et le plus passionné de tous les amants ?

COVIELLE. C'est une chose épouvantable, que ce qu'on nous fait à tous deux.

5 **CLÉONTE.** Je fais voir pour une personne toute l'ardeur et toute la tendresse qu'on peut imaginer ; je n'aime rien au monde qu'elle, et je n'ai qu'elle dans l'esprit ; elle fait tous mes soins, tous mes désirs, toute ma joie ; je ne parle que

---

1. **Vertigo :** caprice soudain.
2. **Ouais** marque la surprise, mais n'est pas vulgaire au XVIIᵉ siècle. Nicole se parle ici à elle-même.
3. **Amant :** celui qui est amoureux.

d'elle, je ne pense qu'à elle, je ne fais des songes que d'elle,
10 je ne respire que par elle, mon cœur vit tout en elle : et voilà
de tant d'amitié[1] la digne récompense ! Je suis deux jours
sans la voir, qui sont pour moi deux siècles effroyables : je la
rencontre par hasard ; mon cœur, à cette vue, se sent tout
transporté, ma joie éclate sur mon visage, je vole avec ravis-
15 sement vers elle ; et l'infidèle détourne de moi ses regards, et
passe brusquement, comme si de sa vie elle ne m'avait vu !

COVIELLE. Je dis les mêmes choses que vous.

CLÉONTE. Peut-on rien voir d'égal, Covielle, à cette perfidie
de l'ingrate Lucile ?

20 COVIELLE. Et à celle, Monsieur, de la pendarde[2] de Nicole ?

CLÉONTE. Après tant de sacrifices ardents, de soupirs, et de
vœux que j'ai faits à ses charmes !

COVIELLE. Après tant d'assidus hommages, de soins et de
services que je lui ai rendus dans sa cuisine !

25 CLÉONTE. Tant de larmes que j'ai versées à ses genoux !

COVIELLE. Tant de seaux d'eau que j'ai tirés au puits pour
elle !

CLÉONTE. Tant d'ardeur que j'ai fait paraître à la chérir
plus que moi-même !

30 COVIELLE. Tant de chaleur que j'ai soufferte à tourner la
broche à sa place !

CLÉONTE. Elle me fuit avec mépris !

COVIELLE. Elle me tourne le dos avec effronterie !

CLÉONTE. C'est une perfidie digne des plus grands
35 châtiments.

COVIELLE. C'est une trahison à mériter mille soufflets.

CLÉONTE. Ne t'avise point, je te prie, de me parler jamais
pour elle.

---

1. **Amitié** : amour.
2. **Pendarde** : coquine.

COVIELLE. Moi, Monsieur ! Dieu m'en garde !

40 **CLÉONTE.** Ne viens point m'excuser l'action de cette infidèle.

COVIELLE. N'ayez pas peur.

CLÉONTE. Non, vois-tu, tous tes discours pour la défendre ne serviront de rien.

COVIELLE. Qui songe à cela ?

45 **CLÉONTE.** Je veux contre elle conserver mon ressentiment, et rompre ensemble tout commerce[1].

COVIELLE. J'y consens.

CLÉONTE. Ce Monsieur le Comte qui va chez elle lui donne peut-être dans la vue ; et son esprit, je le vois bien, se 50 laisse éblouir à la qualité[2]. Mais il me faut, pour mon honneur, prévenir l'éclat[3] de son inconstance. Je veux faire autant de pas qu'elle au changement où je la vois courir, et ne lui laisser pas toute la gloire de me quitter.

COVIELLE. C'est fort bien dit, et j'entre pour mon compte 55 dans tous vos sentiments.

CLÉONTE. Donne la main[4] à mon dépit, et soutiens ma résolution contre tous les restes d'amour qui me pourraient parler pour elle. Dis-m'en, je t'en conjure, tout le mal que tu pourras ; fais-moi de sa personne une peinture qui me la 60 rende méprisable ; et marque-moi bien, pour m'en dégoûter, tous les défauts que tu peux voir en elle.

COVIELLE. Elle, Monsieur ! Voilà une belle mijaurée, une pimpesouée[5] bien bâtie, pour vous donner tant d'amour ! Je ne lui vois rien que de très médiocre, et vous trouverez cent

---

1. **Commerce :** relation.
2. **À la qualité :** en raison de sa noblesse.
3. **Prévenir l'éclat :** éviter le scandale.
4. **Donne la main :** aide, viens en aide.
5. **Mijaurée :** femme affectée qui fait la délicate, la précieuse. **Pimpesouée :** femme prétentieuse, avec de petites manières ridicules (on reconnaît dans ce mot le vieux verbe *pimper*, dont il reste *pimpant* dans la langue actuelle, et le vieil adjectif *souef*, « doux »).

65 personnes qui seront plus dignes de vous. Premièrement, elle a les yeux petits.

CLÉONTE. Cela est vrai, elle a les yeux petits ; mais elle les a pleins de feux, les plus brillants, les plus perçants du monde, les plus touchants qu'on puisse voir.

70 **COVIELLE.** Elle a la bouche grande.

CLÉONTE. Oui ; mais on y voit des grâces qu'on ne voit point aux autres bouches ; et cette bouche, en la voyant, inspire des désirs, est la plus attrayante, la plus amoureuse du monde.

75 **COVIELLE.** Pour sa taille, elle n'est pas grande.

CLÉONTE. Non ; mais elle est aisée et bien prise.

COVIELLE. Elle affecte une nonchalance dans son parler, et dans ses actions.

CLÉONTE. Il est vrai ; mais elle a grâce à tout cela, et ses
80 manières sont engageantes, ont je ne sais quel charme à s'insinuer dans les cœurs.

COVIELLE. Pour de l'esprit...

CLÉONTE. Ah ! elle en a, Covielle, du plus fin, du plus délicat.

85 **COVIELLE.** Sa conversation...

CLÉONTE. Sa conversation est charmante.

COVIELLE. Elle est toujours sérieuse.

CLÉONTE. Veux-tu de ces enjouements[1] épanouis, de ces joies toujours ouvertes ? et vois-tu rien de plus impertinent[2]
90 que des femmes qui rient à tout propos ?

COVIELLE. Mais enfin elle est capricieuse autant que personne du monde.

CLÉONTE. Oui, elle est capricieuse, j'en demeure d'accord ; mais tout sied bien aux belles, on souffre tout des belles.

---

1. **Enjouements :** gaietés.
2. **Impertinent :** déplaisant.

SITUER

Persuadée qu'il y a « anguille sous roche », Mme Jourdain décide de hâter le mariage de sa fille, Lucile, avec le jeune Cléonte. Mais celui-ci et son valet, Covielle, se montrent hostiles à Nicole, surprise de ce mauvais accueil.

RÉFLÉCHIR

PERSONNAGES : jeunesse, jeunesse !

1. Dans la scène 9, à quel moment Cléonte trahit-il son serment de ne plus aimer Lucile ? Par quel mot commence-t-il alors ses répliques ?

2. À quoi voit-on que Cléonte est amoureux de Lucile, mais qu'il s'efforce d'être fâché contre elle (sc. 9) ?

REGISTRES ET TONALITÉS : l'amoureux dépité

3. Dans la tirade* de Cléonte (sc. 9), pourquoi les phrases sont-elles juxtaposées, sans mot de liaison ? Quel effet cela produit-il ?

4. Relevez les expressions de Cléonte que Covielle reprend ou transpose dans son langage de valet (l. 21-41). Quel effet cela produit-il ? Comment appelle-t-on le procédé qui consiste à parler de choses élevées, comme l'amour, avec des mots ordinaires qui désignent des choses matérielles (voir p. 234) ?

GENRES : faire rire les honnêtes gens

5. Encore une fois, la scène 9 présente deux moments distincts ; délimitez-les. En quoi servent-ils le comique ? N'y a-t-il pas à la fin un autre renversement ?

6. Quel est, pour le spectateur, l'intérêt de ce coup de théâtre ?

ÉCRIRE

7. L'un de vos amis parle d'une personnalité que vous admirez (vedette du cinéma ou de la chanson, sportif célèbre...) ; vous vous efforcez d'atténuer les critiques et de corriger les choses qu'il dit d'elle, comme le fait Cléonte face à son valet.

95 **COVIELLE.** Puisque cela va comme cela, je vois bien que vous avez envie de l'aimer toujours.

CLÉONTE. Moi, j'aimerais mieux mourir ; et je vais la haïr autant que je l'ai aimée.

COVIELLE. Le moyen, si vous la trouvez si parfaite ?

100 **CLÉONTE.** C'est en quoi ma vengeance sera plus éclatante, en quoi je veux faire mieux voir la force de mon cœur : à la haïr, à la quitter, toute belle, toute pleine d'attraits, toute aimable que je la trouve. La voici.

SCÈNE 10. CLÉONTE, LUCILE, COVIELLE, NICOLE.

NICOLE. Pour moi, j'en ai été toute scandalisée.

LUCILE. Ce ne peut être, Nicole, que ce que je dis. Mais le voilà.

CLÉONTE. Je ne veux pas seulement lui parler.

5 **COVIELLE.** Je veux vous imiter.

LUCILE. Qu'est-ce donc, Cléonte ? qu'avez-vous ?

NICOLE. Qu'as-tu donc, Covielle ?

LUCILE. Quel chagrin vous possède ?

NICOLE. Quelle mauvaise humeur te tient ?

10 **LUCILE.** Êtes-vous muet, Cléonte ?

NICOLE. As-tu perdu la parole, Covielle ?

CLÉONTE. Que voilà qui est scélérat !

COVIELLE. Que cela est Judas[1] !

LUCILE. Je vois bien que la rencontre de tantôt a troublé
15 votre esprit.

CLÉONTE. Ah, ah ! on voit ce qu'on a fait.

NICOLE. Notre accueil de ce matin t'a fait prendre la chèvre[2].

---

1. **Cela est Judas :** cela est digne de Judas, qui a trahi le Christ ; fourbe, traître.
2. **Prendre la chèvre :** se fâcher pour peu de chose.

COVIELLE. On a deviné l'enclouure[1].

LUCILE. N'est-il pas vrai, Cléonte, que c'est là le sujet de
20 votre dépit ?

CLÉONTE. Oui, perfide, ce l'est, puisqu'il faut parler ; et
j'ai à vous dire que vous ne triompherez pas comme vous
pensez de votre infidélité, que je veux être le premier à
rompre avec vous, et que vous n'aurez pas l'avantage de me
25 chasser. J'aurai de la peine, sans doute, à vaincre l'amour que
j'ai pour vous, cela me causera des chagrins, je souffrirai un
temps ; mais j'en viendrai à bout, et je me percerai plutôt le
cœur, que d'avoir la faiblesse de retourner à vous.

COVIELLE. Queussi, queumi[2].

30 **LUCILE.** Voilà bien du bruit pour un rien. Je veux vous
dire, Cléonte, le sujet qui m'a fait ce matin éviter votre
abord.

CLÉONTE. Non, je ne veux rien écouter.

NICOLE. Je te veux apprendre la cause qui nous a fait passer
35 si vite.

COVIELLE. Je ne veux rien entendre.

LUCILE. Sachez que ce matin…

CLÉONTE. Non, vous dis-je.

NICOLE. Apprends que…

40 **COVIELLE.** Non, traîtresse.

LUCILE. Écoutez.

CLÉONTE. Point d'affaire.

NICOLE. Laisse-moi dire.

COVIELLE. Je suis sourd.

45 **LUCILE.** Cléonte.

---

1. **L'enclouure :** la blessure, la difficulté cachée (au sens propre, blessure
provoquée par un clou dans le sabot d'un cheval).

2. **Queussi, queumi :** moi aussi.

CLÉONTE. Non.

NICOLE. Covielle.

COVIELLE. Point.

LUCILE. Arrêtez.

50 **CLÉONTE.** Chansons.

NICOLE. Entends-moi.

COVIELLE. Bagatelle.

LUCILE. Un moment.

CLÉONTE. Point du tout.

55 **NICOLE.** Un peu de patience.

COVIELLE. Tarare[1].

LUCILE. Deux paroles.

CLÉONTE. Non, c'en est fait.

NICOLE. Un mot.

60 **COVIELLE.** Plus de commerce[2].

LUCILE. Hé bien ! puisque vous ne voulez pas m'écouter, demeurez dans votre pensée, et faites ce qu'il vous plaira.

NICOLE. Puisque tu fais comme cela, prends-le tout comme tu voudras.

65 **CLÉONTE.** Sachons donc le sujet d'un si bel accueil.

LUCILE. Il ne me plaît plus de le dire.

COVIELLE. Apprends-nous un peu cette histoire.

NICOLE. Je ne veux plus, moi, te l'apprendre.

CLÉONTE. Dites-moi…

70 **LUCILE.** Non, je ne veux rien dire.

COVIELLE. Conte-moi…

---

1. **Tarare :** pas du tout (exclamation de refus moqueur).
2. **Plus de commerce :** expression courante signifiant « tout est fini, ne nous parlons plus ».

NICOLE. Non, je ne conte rien.

CLÉONTE. De grâce.

LUCILE. Non, vous dis-je.

75 **COVIELLE.** Par charité.

NICOLE. Point d'affaire.

CLÉONTE. Je vous en prie.

LUCILE. Laissez-moi.

COVIELLE. Je t'en conjure.

80 **NICOLE.** Ôte-toi de là.

CLÉONTE. Lucile.

LUCILE. Non.

COVIELLE. Nicole.

NICOLE. Point.

85 **CLÉONTE.** Au nom des Dieux !

LUCILE. Je ne veux pas.

COVIELLE. Parle-moi.

NICOLE. Point du tout.

CLÉONTE. Éclaircissez mes doutes.

90 **LUCILE.** Non, je n'en ferai rien.

COVIELLE. Guéris-moi l'esprit.

NICOLE. Non, il ne me plaît pas.

CLÉONTE. Hé bien ! puisque vous vous souciez si peu de me tirer de peine, et de vous justifier du traitement indigne
95 que vous avez fait à ma flamme[1], vous me voyez, ingrate, pour la dernière fois, et je vais loin de vous mourir de douleur et d'amour.

COVIELLE. Et moi, je vais suivre ses pas.

LUCILE. Cléonte.

---

1. **Flamme** : amour.

100 **NICOLE.** Covielle.

CLÉONTE. Eh ?

COVIELLE. Plaît-il ?

LUCILE. Où allez-vous ?

CLÉONTE. Où je vous ai dit.

105 **COVIELLE.** Nous allons mourir.

LUCILE. Vous allez mourir, Cléonte ?

CLÉONTE. Oui, cruelle, puisque vous le voulez.

LUCILE. Moi, je veux que vous mouriez ?

CLÉONTE. Oui, vous le voulez.

110 **LUCILE.** Qui vous le dit ?

CLÉONTE. N'est-ce pas le vouloir, que de ne vouloir pas éclaircir mes soupçons ?

LUCILE. Est-ce ma faute ? et si vous aviez voulu m'écouter, ne vous aurais-je pas dit que l'aventure dont vous vous plai-
115 gnez a été causée ce matin par la présence d'une vieille tante, qui veut à toute force que la seule approche d'un homme déshonore une fille, qui perpétuellement nous sermonne sur ce chapitre, et nous figure[1] tous les hommes comme des diables qu'il faut fuir.

120 **NICOLE.** Voilà le secret de l'affaire.

CLÉONTE. Ne me trompez-vous point, Lucile ?

COVIELLE. Ne m'en donnes-tu point à garder[2] ?

LUCILE. Il n'est rien de plus vrai.

NICOLE. C'est la chose comme elle est.

125 **COVIELLE.** Nous rendrons-nous à cela ?

---

1. **Figure :** décrit.
2. **Ne m'en... garder :** ne me trompes-tu pas ?

SITUER

Les deux couples d'amoureux se rencontrent, ce qui donne lieu à une scène de double dépit amoureux. Ces échanges, fréquents dans la comédie du XVIIe siècle, voient les amoureux se brouiller dans un premier temps, puis se raccommoder ensuite.

RÉFLÉCHIR

GENRES : un jeu inoffensif

1. À quoi l'agrément de la scène est-il dû ? Ce genre de querelle est-il sérieux ? Que pensez-vous de sa cause ?

STRUCTURES : un ballet de paroles

Molière a mécanisé son dialogue, au point d'en faire un rigoureux « ballet de paroles », selon l'expression du critique R. Garapon.

2. Montrez la manière dont Molière varie les formes d'expression du refus (l. 33 à 92). Que vise-t-il en procédant ainsi ?

3. Étudiez l'ordre d'intervention des personnages (l. 30-60 et 65-92). Pourquoi est-il rigoureusement respecté ?

4. Quand s'opère le retournement de situation ? Pourquoi a-t-il lieu à ce moment-là ?

5. Comparez ce passage à celui du *Malade imaginaire* (acte III, sc. 10), qui ne met en scène que deux personnages : en quoi se ressemblent-ils néanmoins ?

MISE EN SCÈNE : quel *tempo* ?

6. Si vous étiez metteur en scène, feriez-vous jouer la scène lentement ou de manière vive et enchaînée ? Justifiez votre réponse en tenant compte notamment de la longueur des répliques.

CLÉONTE. Ah ! Lucile, qu'avec un mot de votre bouche vous savez apaiser de choses dans mon cœur ! et que facilement on se laisse persuader aux[1] personnes qu'on aime !

COVIELLE. Qu'on est aisément amadoué[2] par ces diantres
130 d'animaux-là !

SCÈNE 11. Madame Jourdain, Cléonte, Lucile, Covielle, Nicole.

MADAME JOURDAIN. Je suis bien aise de vous voir, Cléonte, et vous voilà tout à propos. Mon mari vient ; prenez vite votre temps[3] pour lui demander Lucile en mariage.

5 **CLÉONTE.** Ah ! Madame, que cette parole m'est douce, et qu'elle flatte mes désirs ! Pouvais-je recevoir un ordre plus charmant ? une faveur plus précieuse ?

SCÈNE 12. Monsieur Jourdain, Madame Jourdain, Cléonte, Lucile, Covielle, Nicole.

CLÉONTE. Monsieur, je n'ai voulu prendre personne pour vous faire une demande que je médite il y a longtemps. Elle me touche assez pour m'en charger moi-même ; et, sans autre détour, je vous dirai que l'honneur d'être votre gendre
5 est une faveur glorieuse que je vous prie de m'accorder.

MONSIEUR JOURDAIN. Avant que de vous rendre réponse, Monsieur, je vous prie de me dire si vous êtes gentilhomme.

CLÉONTE. Monsieur, la plupart des gens sur cette question n'hésitent pas beaucoup. On tranche le mot[4] aisément. Ce
10 nom ne fait aucun scrupule à prendre, et l'usage aujourd'hui semble en autoriser le vol. Pour moi, je vous l'avoue, j'ai les sentiments sur cette matière un peu plus délicats : je trouve

---

1. **Aux :** par les.
2. **Amadoué :** séduit, radouci.
3. **Prenez vite votre temps :** saisissez vite l'occasion.
4. **On tranche le mot :** on règle la question.

que toute imposture est indigne d'un honnête homme, et
qu'il y a de la lâcheté à déguiser ce que le Ciel nous a fait
15 naître, à se parer aux yeux du monde d'un titre dérobé, à se
vouloir donner pour ce qu'on n'est pas. Je suis né de
parents, sans doute, qui ont tenu des charges[1] honorables. Je
me suis acquis dans les armes l'honneur de six ans de
services, et je me trouve assez de bien pour tenir dans le
20 monde un rang assez passable. Mais, avec tout cela, je ne
veux point me donner un nom où d'autres en ma place croi-
raient pouvoir prétendre, et je vous dirai franchement que je
ne suis point gentilhomme.

MONSIEUR JOURDAIN. Touchez là[2], Monsieur : ma fille
25 n'est pas pour vous.

CLÉONTE. Comment ?

MONSIEUR JOURDAIN. Vous n'êtes point gentilhomme,
vous n'aurez pas ma fille.

MADAME JOURDAIN. Que voulez-vous donc dire avec
30 votre gentilhomme ? Est-ce que nous sommes, nous autres,
de la côte de saint Louis[3] ?

MONSIEUR JOURDAIN. Taisez-vous, ma femme : je vous
vois venir.

MADAME JOURDAIN. Descendons-nous tous deux que de
35 bonne bourgeoisie[4] ?

MONSIEUR JOURDAIN. Voilà pas le coup de langue[5] ?

MADAME JOURDAIN. Et votre père n'était-il pas marchand
aussi bien que le mien ?

---

1. **Tenu des charges :** rempli des fonctions, occupé des postes.
2. **Touchez là :** touchez-moi la main ; formule qui d'ordinaire confirme un
accord, mais qu'on emploie parfois au contraire pour mieux souligner un refus,
comme ici.
3. **De la côte de saint Louis :** de la race de saint Louis. On dirait aujourd'hui : de
la cuisse de Jupiter.
4. **Descendons-nous tous deux que de bonne bourgeoisie :** sommes-nous
d'une autre souche que de la bonne bourgeoisie ?
5. **Voilà pas... langue ? :** N'est-ce pas là de la médisance ?

MONSIEUR JOURDAIN. Peste soit de la femme ! Elle n'y a
40 jamais manqué. Si votre père a été marchand, tant pis pour
lui ; mais pour le mien, ce sont des malavisés[1] qui disent cela.
Tout ce que j'ai à vous dire, moi, c'est que je veux avoir un
gendre gentilhomme.

MADAME JOURDAIN. Il faut à votre fille un mari qui lui
45 soit propre[2], et il vaut mieux pour elle un honnête homme
riche et bien fait, qu'un gentilhomme gueux[3] et mal bâti.

NICOLE. Cela est vrai. Nous avons le fils du gentilhomme
de notre village, qui est le plus grand malitorne[4] et le plus sot
dadais que j'aie jamais vu.

50 **MONSIEUR JOURDAIN.** Taisez-vous, impertinente. Vous
vous fourrez toujours dans la conversation. J'ai du bien assez
pour ma fille, je n'ai besoin que d'honneur, et je la veux faire
marquise.

MADAME JOURDAIN. Marquise ?

55 **MONSIEUR JOURDAIN.** Oui, marquise.

MADAME JOURDAIN. Hélas ! Dieu m'en garde !

MONSIEUR JOURDAIN. C'est une chose que j'ai résolue.

MADAME JOURDAIN. C'est une chose, moi, où je ne
consentirai point. Les alliances avec plus grand que soi sont
60 sujettes toujours à de fâcheux inconvénients. Je ne veux
point qu'un gendre puisse à ma fille reprocher ses parents, et
qu'elle ait des enfants qui aient honte de m'appeler leur
grand-maman. S'il fallait qu'elle me vînt visiter en équipage[5]
de grand-dame, et qu'elle manquât par mégarde à saluer
65 quelqu'un du quartier, on ne manquerait pas aussitôt de dire
cent sottises. « Voyez-vous, dirait-on, cette Madame la
Marquise qui fait tant la glorieuse[6] ? C'est la fille de

---

1. **Malavisés :** sots.
2. **Propre :** convenable.
3. **Gueux :** pauvre, sans le sou.
4. **Malitorne :** maladroit, bon à rien.
5. **Équipage** désigne tout ce qui concerne le train de vie apparent : vêtements, chevaux, laquais.
6. **Glorieuse :** prétentieuse, fière.

SITUER

Fort des encouragements de Mme Jourdain, le jeune Cléonte s'apprête à demander la main de Lucile à son père.

RÉFLÉCHIR

THÈMES : un jeune homme honnête

1. Dans la tirade de Cléonte, étudiez le champ lexical du mensonge et de l'imposture. À quel autre personnage de la pièce s'oppose-t-il de ce fait ?

SOCIÉTÉ : une société de classes

2. Au XVIIe siècle, on ne sort pas de sa classe sociale ; les nobles, les bourgeois et même les paysans se méfient d'une mésalliance. Quels en sont les risques, selon Mme Jourdain ? Êtes-vous de son avis ?

3. Quels sont les thèmes que Cléonte développe successivement ? Son propos vous paraît-il bien construit ?

PERSONNAGES : choisir un gendre

4. Quels sont les critères de M. Jourdain pour le choix d'un gendre ? Ce faisant, qui veut-il d'abord satisfaire ?

5. De quelle qualité Mme Jourdain fait-elle preuve, quand elle défend son choix ? Un personnage important demeure silencieux. Lequel et pourquoi ?

6. Relevez les indices qui révèlent la colère de M. Jourdain à l'égard de sa femme.

REGISTRES ET TONALITÉS :
la comédie à la lisière du drame

7. Comment Molière s'y prend-il pour éviter que la scène 12 ne tourne au tragique après le refus de M. Jourdain ? Étudiez, notamment, la dernière réplique de M. Jourdain.

ÉCRIRE

8. Mme Jourdain redoute à raison le qu'en-dira-t-on. Imaginez un dialogue médisant entre trois voisines des Jourdain, alors que Lucile est devenue fière et distante, après avoir épousé un noble.

Monsieur Jourdain, qui était trop heureuse, étant petite, de jouer à la Madame avec nous. Elle n'a pas toujours été si
70 relevée[1] que la voilà, et ses deux grands-pères vendaient du drap auprès de la porte Saint-Innocent[2]. Ils ont amassé du bien à leurs enfants, qu'ils payent maintenant peut-être bien cher en l'autre monde, et l'on ne devient guère si riches à être honnêtes gens. » Je ne veux point tous ces caquets, et je
75 veux un homme, en un mot, qui m'ait obligation[3] de ma fille, et à qui je puisse dire : « Mettez-vous là, mon gendre, et dînez avec moi. »

MONSIEUR JOURDAIN. Voilà bien les sentiments d'un petit esprit, de vouloir demeurer toujours dans la bassesse.
80 Ne me répliquez pas davantage : ma fille sera marquise en dépit de tout le monde ; et si vous me mettez en colère, je la ferai duchesse.

MADAME JOURDAIN. Cléonte, ne perdez point courage encore. Suivez-moi, ma fille, et venez dire résolument à
85 votre père, que si vous ne l'avez, vous ne voulez épouser personne.

SCÈNE 13. CLÉONTE, COVIELLE.

COVIELLE. Vous avez fait de belles affaires avec vos beaux sentiments.

CLÉONTE. Que veux-tu ? j'ai un scrupule là-dessus, que l'exemple[4] ne saurait vaincre.

5 **COVIELLE.** Vous moquez-vous, de le prendre sérieusement avec un homme comme cela ? Ne voyez-vous pas qu'il est fou ? et vous coûtait-il quelque chose de vous accommoder à ses chimères[5] ?

---

1. **Relevée** : hautaine.
2. **La porte Saint-Innocent** : la porte du cimetière des Saints-Innocents.
3. **Qui m'ait obligation** : qui me soit reconnaissant.
4. **L'exemple** actuel de se prétendre noble quand on ne l'est pas.
5. **Chimères** : folies.

CLÉONTE. Tu as raison ; mais je ne croyais pas qu'il
10 fallût faire ses preuves de noblesse pour être gendre de
Monsieur Jourdain.

COVIELLE. Ah, ah, ah.

CLÉONTE. De quoi ris-tu ?

COVIELLE. D'une pensée qui me vient pour jouer notre
15 homme, et vous faire obtenir ce que vous souhaitez.

CLÉONTE. Comment ?

COVIELLE. L'idée est tout à fait plaisante.

CLÉONTE. Quoi donc ?

COVIELLE. Il s'est fait depuis peu une certaine mascarade
20 qui vient[1] le mieux du monde ici, et que je prétends faire
entrer dans une bourle[2] que je veux faire à notre ridicule[3].
Tout cela sent un peu sa comédie ; mais avec lui on peut
hasarder toute chose, il n'y faut point chercher tant de
façons ; il est homme à y jouer son rôle à merveille, et à
25 donner aisément dans toutes les fariboles[4] qu'on s'avisera de
lui dire. J'ai les acteurs, j'ai les habits tout prêts : laissez-moi
faire seulement.

CLÉONTE. Mais apprends-moi…

COVIELLE. Je vais vous instruire de tout. Retirons-nous, le
30 voilà qui revient.

SCÈNE 14. Monsieur Jourdain, Laquais.

MONSIEUR JOURDAIN. Que diable est-ce là ! ils n'ont rien
que les grands seigneurs à me reprocher[5] ; et moi, je ne vois
rien de si beau que de hanter[6] les grands seigneurs : il n'y a

---

1. **Vient :** convient.
2. **Bourle :** farce, tromperie, tour que l'on joue à quelqu'un (de l'italien *burla*).
3. **Notre ridicule :** notre bourgeois ridicule (l'adjectif a ici valeur de substantif).
4. **Fariboles :** bêtises.
5. **Ils n'ont rien que les grands seigneurs à me reprocher :** ils ne font que me reprocher les grands seigneurs.
6. **Hanter :** fréquenter assidûment.

qu'honneur et que civilité[1] avec eux, et je voudrais qu'il m'eût
5 coûté deux doigts de la main, et être né comte ou marquis.

LAQUAIS. Monsieur, voici Monsieur le Comte, et une
dame qu'il mène par la main.

MONSIEUR JOURDAIN. Hé mon Dieu ! j'ai quelques
ordres à donner. Dis-leur que je vais venir ici tout à l'heure[2].

SCÈNE 15. DORIMÈNE, DORANTE, LAQUAIS.

LAQUAIS. Monsieur dit comme cela qu'il va venir ici tout à
l'heure.

DORANTE. Voilà qui est bien.

DORIMÈNE. Je ne sais pas, Dorante, je fais encore ici une
5 étrange démarche, de me laisser amener par vous dans une
maison où je ne connais personne.

DORANTE. Quel lieu voulez-vous donc, Madame, que mon
amour choisisse pour vous régaler[3], puisque, pour fuir
l'éclat[4], vous ne voulez ni votre maison, ni la mienne ?

10 **DORIMÈNE.** Mais vous ne dites pas que je m'engage insen-
siblement, chaque jour, à recevoir de trop grands témoi-
gnages de votre passion ! J'ai beau me défendre des choses,
vous fatiguez ma résistance, et vous avez une civile
opiniâtreté[5] qui me fait venir doucement à tout ce qu'il vous
15 plaît. Les visites fréquentes ont commencé ; les déclarations
sont venues ensuite, qui après elles ont traîné[6] les sérénades
et les cadeaux[7], que les présents ont suivis. Je me suis oppo-
sée à tout cela, mais vous ne vous rebutez point, et, pied à
pied, vous gagnez mes résolutions[8]. Pour moi, je ne puis

---

1. **Civilité :** bonnes manières.
2. **Tout à l'heure :** tout de suite.
3. **Pour vous régaler :** pour vous offrir une fête.
4. **Pour fuir l'éclat :** pour agir avec discrétion.
5. **Civile opiniâtreté :** aimable insistance.
6. **Traîné :** entraîné.
7. **Cadeaux :** ce sont principalement des repas offerts à des dames à la campagne.
8. **Vous gagnez mes résolutions :** vous l'emportez sur mes résolutions.

20 plus répondre de rien, et je crois qu'à la fin vous me ferez
venir au mariage, dont je me suis tant éloignée.

DORANTE. Ma foi ! Madame, vous y devriez déjà être.
Vous êtes veuve, et ne dépendez que de vous. Je suis maître
de moi, et vous aime plus que ma vie. À quoi tient-il que dès
25 aujourd'hui vous ne fassiez tout mon bonheur ?

DORIMÈNE. Mon Dieu ! Dorante, il faut des deux parts
bien des qualités pour vivre heureusement ensemble ; et les
deux plus raisonnables personnes du monde ont souvent
peine à composer une union dont ils soient satisfaits.

30 **DORANTE.** Vous vous moquez, Madame, de vous y figurer
tant de difficultés ; et l'expérience que vous avez faite ne
conclut rien pour tous les autres.

DORIMÈNE. Enfin j'en reviens toujours là : les dépenses
que je vous vois faire pour moi m'inquiètent par deux
35 raisons : l'une, qu'elles m'engagent plus que je ne voudrais ;
et l'autre, que je suis sûre, sans vous déplaire, que vous ne les
faites point que vous ne vous incommodiez[1] ; et je ne veux
point cela.

DORANTE. Ah ! Madame, ce sont des bagatelles[2] ; et ce
40 n'est pas par là...

DORIMÈNE. Je sais ce que je dis ; et, entre autres, le
diamant que vous m'avez forcée à prendre est d'un prix...

DORANTE. Eh ! Madame, de grâce, ne faites point tant
valoir une chose que mon amour trouve indigne de vous ; et
45 souffrez... Voici le maître du logis.

---

1. **Que vous ne vous incommodiez :** sans que vous ne compromettiez votre
situation financière.
2. **Bagatelles :** choses sans importance.

Scène 16. Monsieur Jourdain, Dorimène, Dorante, Laquais.

Monsieur Jourdain, *après avoir fait deux révérences, se trouvant trop près de Dorimène.* Un peu plus loin, Madame.

Dorimène. Comment ?

Monsieur Jourdain. Un pas, s'il vous plaît.

5 **Dorimène.** Quoi donc ?

Monsieur Jourdain. Reculez un peu, pour la troisième[1].

Dorante. Madame, Monsieur Jourdain sait son monde[2].

Monsieur Jourdain. Madame, ce m'est une gloire bien
10 grande de me voir assez fortuné pour être si heureux que
d'avoir le bonheur que vous ayez eu la bonté de m'accorder
la grâce de me faire l'honneur de m'honorer de la faveur de
votre présence ; et si j'avais aussi le mérite pour mériter un
mérite comme le vôtre, et que le Ciel… envieux de mon
15 bien… m'eût accordé… l'avantage de me voir digne… des…

Dorante. Monsieur Jourdain, en voilà assez : Madame
n'aime pas les grands compliments, et elle sait que vous êtes
homme d'esprit. *(Bas, à Dorimène.)* C'est un bon bourgeois
assez ridicule, comme vous voyez, dans toutes ses manières.

20 **Dorimène.** Il n'est pas malaisé de s'en apercevoir[3].

Dorante. Madame, voilà le meilleur de mes amis.

Monsieur Jourdain. C'est trop d'honneur que vous me
faites.

Dorante. Galant[4] homme tout à fait.

25 **Dorimène.** J'ai beaucoup d'estime pour lui.

---

1. **La troisième :** la troisième révérence, comme on le lui a enseigné.
2. **Sait son monde :** connaît les usages mondains.
3. **Dorimène** répond à Dorante en aparté, et n'est pas entendue de M. Jourdain.
4. **Galant :** « qui a l'air de la cour […], qui tâche à plaire, et particulièrement au beau sexe » (dictionnaire de Furetière, 1690).

Monsieur Jourdain. Je n'ai rien fait encore, Madame, pour mériter cette grâce.

Dorante, *bas, à M. Jourdain.* Prenez bien garde au moins à ne lui point parler du diamant que vous lui avez donné.

30 **Monsieur Jourdain.** Ne pourrais-je pas seulement lui demander comment elle le trouve[1] ?

Dorante. Comment ? gardez-vous-en bien : cela serait vilain[2] à vous ; et pour agir en galant homme, il faut que vous fassiez comme si ce n'était pas vous qui lui eussiez fait
35 ce présent[3]. Monsieur Jourdain, Madame, dit qu'il est ravi de vous voir chez lui.

Dorimène. Il m'honore beaucoup.

Monsieur Jourdain. Que je vous suis obligé, Monsieur, de lui parler ainsi pour moi[4] !

40 **Dorante.** J'ai eu une peine effroyable à la faire venir ici.

Monsieur Jourdain. Je ne sais quelles grâces vous en rendre.

Dorante. Il dit, Madame, qu'il vous trouve la plus belle personne du monde.

45 **Dorimène.** C'est bien de la grâce qu'il me fait.

Monsieur Jourdain. Madame, c'est vous qui faites les grâces ; et...

Dorante. Songeons à manger.

Laquais. Tout est prêt, Monsieur.

50 **Dorante.** Allons donc nous mettre à table, et qu'on fasse venir les musiciens.

Six cuisiniers, qui ont préparé le festin, dansent ensemble, et font le troisième intermède ; après quoi, ils apportent une table couverte de plusieurs mets.

---

1. M. Jourdain dit cette phrase en aparté.
2. **Vilain :** vulgaire (un *vilain* est un paysan).
3. Dorante répond à M. Jourdain en aparté, mais prononce la dernière phrase à haute voix.
4. Cette réplique et les deux suivantes sont dites en aparté.

SITUER

Covielle imagine un stratagème pour aider son maître à épouser Lucile. M. Jourdain sort un moment, et l'on découvre que Mme Jourdain avait raison de se méfier de Dorante, qui joue un double jeu et veut séduire Dorimène pour son propre compte. Le bourgeois revient et rencontre enfin sa belle marquise.

RÉFLÉCHIR

PERSONNAGES : un bon bourgeois assez ridicule...

1. Étudiez le compliment que M. Jourdain adresse à Dorimène ; en quoi est-il ridicule ? Cette tentative malheureuse ne rappelle-t-elle pas d'autres scènes ?

2. Dorimène est-elle un double féminin de Dorante ? Justifiez votre réponse.

3. Pensez-vous que Dorante soit réellement amoureux d'elle ? Pourquoi ?

STRATÉGIES : un double jeu

4. Comment l'habileté de Dorante se manifeste-t-elle quand il craint que M. Jourdain ne le trahisse involontairement ?

5. Pourquoi Dorante emploie-t-il le style indirect (l. 36 et 45) ? Comment le dialogue entre les trois personnages s'organise-t-il ? De quelle manière le mettriez-vous en scène ?

REGISTRES ET TONALITÉS : rire ou s'émouvoir ?

6. Le héros est certes ridicule et comique, mais cet homme qu'on trompe peut aussi être touchant. Dans quelle réplique et pourquoi ?

ÉCRIRE

M. Jourdain commet une maladresse et apprend à Dorimène qu'il a lui-même choisi le diamant qu'il lui a offert par l'intermédiaire de Dorante. Réécrivez la fin de la scène en imaginant la surprise de la jeune femme, la réaction de Dorante et l'attitude du bourgeois.

PERSONNAGES : une riche galerie

1. M. Jourdain persiste dans son erreur de jugement sur Dorante, et dans son projet fou de séduire une belle marquise. Cet aveuglement, dû à une idée fixe, est bien caractéristique des héros de Molière. Pouvez-vous en citer d'autres, en rappelant leur obsession ?

2. L'action fait intervenir de nouveaux personnages, de caractères fort différents : regroupez-les d'abord par couples ; puis distinguez les fourbes des personnages honnêtes. Quel est celui qui pourrait appartenir aux deux catégories ?

3. Quel est le personnage qui, voyant qu'on n'obtiendra rien par la voie de la raison, va tenter de vaincre autrement les résistances de M. Jourdain ?

4. Pourquoi cette idée n'est-elle pas venue à l'esprit des amoureux, Cléonte et Lucile ?

GENRES : une pièce singulière

5. Enfin l'intrigue se noue, à l'acte III : pouvez-vous définir précisément la double menace que la folie de M. Jourdain fait peser sur sa famille ?

6. Alors que les deux premiers actes étaient constamment drôles, le ton de la pièce est ici quelque peu différent. Citez les scènes dont le ton est plus sérieux et expliquez ce changement.

SOCIÉTÉ : une peinture de divers milieux

7. Les nouveaux personnages appartiennent à des milieux sociaux différents de celui de M. Jourdain. Lesquels ? Qu'est-ce qui permet de les identifier ?

8. Quelle image Molière présente-t-il de la noblesse ? Montrez qu'elle est d'abord purement négative, avec Dorante, mais qu'elle se nuance ensuite. Comment Molière procède-t-il pour cela ?

ACTE IV

SCÈNE PREMIÈRE

DORANTE, DORIMÈNE, MONSIEUR JOURDAIN,
DEUX MUSICIENS, UNE MUSICIENNE, LAQUAIS.

DORIMÈNE. Comment, Dorante ? voilà un repas tout à fait magnifique !

MONSIEUR JOURDAIN. Vous vous moquez, Madame, et je voudrais qu'il fût plus digne de vous être offert.

Tous se mettent à table.

5 **DORANTE.** Monsieur Jourdain a raison, Madame, de parler de la sorte, et il m'oblige[1] de vous faire si bien les honneurs de chez lui. Je demeure d'accord avec lui que le repas n'est pas digne de vous. Comme c'est moi qui l'ai ordonné, et que je n'ai pas sur cette matière les lumières de nos amis, vous n'avez 10 pas ici un repas fort savant, et vous y trouverez des incongruités de bonne chère[2], et des barbarismes[3] de bon goût. Si Damis, notre ami, s'en était mêlé, tout serait dans les règles ; il y aurait partout de l'élégance et de l'érudition, et il ne manquerait pas de vous exagérer[4] lui-même toutes les pièces 15 du repas qu'il vous donnerait, et de vous faire tomber d'accord de sa haute capacité dans la science des bons morceaux, de vous parler d'un pain de rive, à biseau doré[5], relevé de croûte partout, croquant tendrement sous la dent ; d'un vin à sève veloutée, armé d'un vert qui n'est point trop 20 commandant[6] ; d'un carré de mouton gourmandé de persil[7] ;

---

1. **Il m'oblige :** il me fait plaisir.
2. **Des incongruités de bonne chère :** des erreurs quant à la façon d'organiser un repas dans les règles de l'art.
3. **Barbarismes :** fautes graves de langage, emploi de mots déformés ; ici, *fautes de goût.*
4. **Exagérer :** décrire savamment..
5. **Pain de rive, à biseau doré :** pain qui a été cuit sur la rive du four (le bord), et qui est doré sur le côté (biseau).
6. **Armé d'un vert qui n'est point trop commandant :** ayant la verdeur des vins nouveaux, mais pas trop acide au palais.
7. **Gourmandé de persil :** piqué de persil.

d'une longe de veau de rivière[1], longue comme cela, blanche, délicate, et qui sous les dents est une vraie pâte d'amande ; de perdrix relevées d'un fumet surprenant ; et pour son opéra[2], d'une soupe à bouillon perlé[3], soutenue d'un jeune gros
25 dindon cantonné[4] de pigeonneaux, et couronnée d'oignons blancs, mariés avec la chicorée. Mais pour moi, je vous avoue mon ignorance ; et comme Monsieur Jourdain a fort bien dit, je voudrais que le repas fût plus digne de vous être offert.

DORIMÈNE. Je ne réponds à ce compliment, qu'en
30 mangeant comme je fais.

MONSIEUR JOURDAIN. Ah ! que voilà de belles mains !

DORIMÈNE. Les mains sont médiocres, Monsieur Jourdain ; mais vous voulez parler du diamant, qui est fort beau.

MONSIEUR JOURDAIN. Moi, Madame ! Dieu me garde
35 d'en vouloir parler ; ce ne serait pas agir en galant homme, et le diamant est fort peu de chose.

DORIMÈNE. Vous êtes bien dégoûté.

MONSIEUR JOURDAIN. Vous avez trop de bonté…

DORANTE, *après avoir fait signe à Monsieur Jourdain.*
40 Allons, qu'on donne du vin à Monsieur Jourdain, et à ces Messieurs et à ces dames, qui nous feront la grâce de nous chanter un air à boire.

DORIMÈNE. C'est merveilleusement assaisonner la bonne chère, que d'y mêler la musique, et je me vois ici admira-
45 blement régalée.

MONSIEUR JOURDAIN. Madame, ce n'est pas…

---

1. **Longe de veau de rivière :** pièce de l'échine qui va du bas de l'épaule jusqu'à la queue ; les veaux de rivière, élevés en Normandie, étaient particulièrement gras.
2. **Opéra :** chef-d'œuvre.
3. **Soupe à bouillon perlé :** « On dit d'une soupe excellente que c'est une soupe perlée » (dictionnaire de Furetière, 1690).
4. **Cantonné :** flanqué aux quatre coins.

DORANTE. Monsieur Jourdain, prêtons silence à ces Messieurs et à ces Dames ; ce qu'ils nous diront vaudra mieux que tout ce que nous pourrions dire.

Les musiciens et la musicienne prennent des verres, chantent deux chansons à boire, et sont soutenus de toute la symphonie.

PREMIÈRE CHANSON À BOIRE

50
    Un petit doigt, Philis, pour commencer le tour[1].
Ah ! qu'un verre en vos mains a d'agréables charmes !
Vous et le vin, vous vous prêtez des armes,
Et je sens pour tous deux redoubler mon amour :
Entre lui, vous et moi, jurons, jurons, ma belle,
55
    Une ardeur éternelle.

    Qu'en mouillant votre bouche il en reçoit d'attraits,
Et que l'on voit par lui votre bouche embellie !
Ah ! l'un de l'autre ils me donnent envie,
Et de vous et de lui je m'enivre à longs traits :
60
Entre lui, vous et moi, jurons, jurons, ma belle,
    Une ardeur éternelle.

SECONDE CHANSON À BOIRE

    Buvons, chers amis, buvons :
Le temps qui fuit nous y convie ;
Profitons de la vie
65
Autant que nous pouvons.
Quand on a passé l'onde noire[2],
Adieu le bon vin, nos amours ;
Dépêchons-nous de boire,
On ne boit pas toujours.

---

1. **Tour :** tournée.
2. **Quand on a passé l'onde noire :** quand on est mort ; *l'onde noire* désigne le Styx, le fleuve des Enfers.

70 *Laissons raisonner les sots*
Sur le vrai bonheur de la vie ;
Notre philosophie
Le met parmi les pots.
Les biens, le savoir et la gloire
75 *N'ôtent point les soucis fâcheux,*
Et ce n'est qu'à bien boire
Que l'on peut être heureux.

Sus, sus[1]*, du vin partout, versez, garçons, versez,*
Versez, versez toujours, tant qu'on[2] *vous dise assez.*

80 **DORIMÈNE.** Je ne crois pas qu'on puisse mieux chanter, et cela est tout à fait beau.

MONSIEUR JOURDAIN. Je vois encore ici, Madame, quelque chose de plus beau.

DORIMÈNE. Ouais[3] ! Monsieur Jourdain est galant plus que 85 je ne pensais.

DORANTE. Comment, Madame ? pour qui prenez-vous Monsieur Jourdain ?

MONSIEUR JOURDAIN. Je voudrais bien qu'elle[4] me prît pour ce que je dirais.

90 **DORIMÈNE.** Encore !

DORANTE. Vous ne le connaissez pas.

MONSIEUR JOURDAIN. Elle me connaîtra quand il lui plaira.

DORIMÈNE. Oh ! Je le quitte[5].

---

1. **Sus :** allons ! (interjection).
2. **Tant qu'on :** jusqu'à ce qu'on.
3. **Ouais** marque la surprise, mais n'est pas vulgaire au XVIIe siècle.
4. M. Jourdain se montre familier en utilisant le pronom personnel *elle*, au lieu de dire : Mme la marquise.
5. **Je le quitte :** j'abandonne.

95 **DORANTE.** Il est homme qui a toujours la riposte en main. Mais vous ne voyez pas que Monsieur Jourdain, Madame, mange tous les morceaux que vous avez touchés.

DORIMÈNE. Monsieur Jourdain est un homme qui me ravit.

100 **MONSIEUR JOURDAIN.** Si je pouvais ravir votre cœur, je serais…

SCÈNE 2. MADAME JOURDAIN, MONSIEUR JOURDAIN, DORIMÈNE, DORANTE, MUSICIENS, MUSICIENNES, LAQUAIS.

MADAME JOURDAIN. Ah, ah ! je trouve ici bonne compagnie, et je vois bien qu'on ne m'y attendait pas. C'est donc pour cette belle affaire-ci, Monsieur mon mari, que vous avez eu tant d'empressement à m'envoyer dîner chez ma
5 sœur ? Je viens de voir un théâtre là-bas[1], et je vois ici un banquet à faire noces. Voilà comme vous dépensez votre bien, et c'est ainsi que vous festinez[2] les dames en mon absence, et que vous leur donnez la musique et la comédie, tandis que vous m'envoyez promener ?

10 **DORANTE.** Que voulez-vous dire, Madame Jourdain ? et quelles fantaisies[3] sont les vôtres, de vous aller mettre en tête que votre mari dépense son bien, et que c'est lui qui donne ce régale[4] à Madame ? Apprenez que c'est moi, je vous prie ; qu'il ne fait seulement que me prêter sa maison, et que vous
15 devriez un peu mieux regarder aux choses que vous dites.

MONSIEUR JOURDAIN. Oui, impertinente, c'est Monsieur le Comte qui donne tout ceci à Madame, qui est une

---

1. Mme Jourdain a vu en bas, dans l'entrée de la maison, le cortège conduit par Covielle.
2. **Festinez :** honorez en offrant un festin.
3. **Fantaisies :** folies, idées extravagantes.
4. **Régale :** repas somptueux offert à quelqu'un.

SITUER

M. Jourdain croit impressionner Dorimène en lui offrant un somptueux déjeuner, mais, en fait, il tire les marrons du feu pour Dorante, car celui-ci laisse croire à la jeune femme que c'est lui qui invite.

RÉFLÉCHIR

PERSONNAGES : le bourgeois obsédé et le fourbe raffiné

1. N'y a-t-il pas une ambiguïté dans la dernière réplique de Dorimène ? Comment M. Jourdain comprend-il cette formule ?

2. Dans la tirade de Dorante, relevez le vocabulaire appartenant au champ lexical (*cf.* p. 234) du délice. Quelles sont les expressions les plus suggestives ? Quel est l'effet produit par sa phrase si longue et si riche de détails ? (l. 11-26)

STRATÉGIES : le fourbe parvient à ses fins

3. Comment Dorante s'y prend-il pour séduire Dorimène ? Est-ce par modestie qu'il emploie le conditionnel dans sa tirade ? Dorimène est-elle touchée par tout cela ?

DRAMATURGIE : comédie et musique

4. Pourquoi l'échange de M. Jourdain et de Dorimène sur le diamant est-il comique (l. 31 à 38) ? Le héros sait-il qu'il a commis une bévue ?

5. L'intermède musical vous paraît-il bien intégré à la situation ? Justifiez votre réponse.

MISE EN SCÈNE : un court bonheur

6. Dans la mise en scène de J.-L. Barrault (photo p. 10), quels détails permettent d'identifier M. Jourdain et Dorante ? À quelle réplique de la scène cette photo correspond-elle, selon vous ?

7. Que signifie symboliquement le fait que Dorimène soit assise entre eux deux ?

ÉCRIRE

8. Consultez la carte d'un grand restaurant. Y a-t-il des plats dont le seul nom stimule l'imagination et fait venir l'eau à la bouche ? Citez-les et dites ce qu'ils vous suggèrent.

personne de qualité[1]. Il me fait l'honneur de prendre ma maison, et de vouloir que je sois avec lui.

20 **MADAME JOURDAIN.** Ce sont des chansons que cela : je sais ce que je sais.

DORANTE. Prenez, Madame Jourdain, prenez de meilleures lunettes.

MADAME JOURDAIN. Je n'ai que faire de lunettes, 25 Monsieur, et je vois assez clair ; il y a longtemps que je sens les choses, et je ne suis pas une bête. Cela est fort vilain à vous, pour un grand seigneur, de prêter la main comme vous faites aux sottises de mon mari. Et vous, Madame, pour une grande Dame, cela n'est ni beau ni honnête à vous, de 30 mettre de la dissension[2] dans un ménage, et de souffrir[3] que mon mari soit amoureux de vous.

DORIMÈNE. Que veut donc dire tout ceci ? Allez, Dorante, vous vous moquez, de m'exposer aux sottes visions[4] de cette extravagante.

35 **DORANTE.** Madame, holà ! Madame, où courez-vous[5] ?

MONSIEUR JOURDAIN. Madame ! Monsieur le Comte, faites-lui excuses, et tâchez de la ramener. Ah ![6] impertinente que vous êtes ! voilà de vos beaux faits ; vous me venez faire des affronts devant tout le monde, et vous chas-40 sez de chez moi des personnes de qualité.

MADAME JOURDAIN. Je me moque de leur qualité.

MONSIEUR JOURDAIN. Je ne sais qui me tient[7], maudite, que je ne vous fende la tête avec les pièces du repas que vous êtes venue troubler.

On ôte la table.

---

1. **De qualité** : noble de naissance.
2. **Dissension** : désaccord, discorde.
3. **Souffrir** : tolérer, supporter.
4. **Visions** : idées folles.
5. Dorante sort pour suivre Dorimène.
6. M. Jourdain s'adresse maintenant à sa femme.
7. **Qui me tient** : ce qui me retient.

SITUER

Coup de théâtre : le déjeuner raffiné, dont M. Jourdain rêvait de longue date, est gâché par l'arrivée intempestive de sa femme, furieuse de surprendre chez elle son mari en train de « festiner » Dorimène.

RÉFLÉCHIR

PERSONNAGES : une situation gênante

1. En quoi M. Jourdain peut-il être gêné du comportement de sa femme devant des gens de qualité, qui ont du savoir-vivre ? À qui Mme Jourdain adresse-t-elle des reproches ?

2. Comment qualifier le comportement de Mme Jourdain, qui refuse d'écouter les explications et qui « sent les choses » ?

3. Que pensez-vous de la réaction de Dorimène ? Pourquoi se retire-t-elle ?

STRATÉGIES : une intervention doublement habile

4. De quelle manière Dorante essaie-t-il de détourner le coup et de sauver la situation ? Que croient M. Jourdain et Dorimène quand il intervient ainsi ?

SOCIÉTÉ : les devoirs du mari

5. Mme Jourdain parle de ses droits, dans sa dernière réplique. En quoi son mari les a-t-il bafoués ?

ÉCRIRE

6. Vous est-il arrivé de vous trouver dans une situation où l'intervention intempestive d'un de vos amis ou de vos parents vous a mis profondément mal à l'aise vis-à-vis des autres ? Racontez la scène en essayant de décrire vos sentiments.

45 **MADAME JOURDAIN**, *sortant*. Je me moque de cela. Ce sont mes droits que je défends, et j'aurai pour moi toutes les femmes.

MONSIEUR JOURDAIN. Vous faites bien d'éviter ma colère[1]. Elle est arrivée là bien malheureusement. J'étais en 50 humeur de dire de jolies choses, et jamais je ne m'étais senti tant d'esprit. Qu'est-ce que c'est que cela ?

SCÈNE 3. COVIEILLE, *déguisé en voyageur*, MONSIEUR JOURDAIN, LAQUAIS.

COVIELLLE. Monsieur, je ne sais pas si j'ai l'honneur d'être connu de vous.

MONSIEUR JOURDAIN. Non, Monsieur.

COVIELLLE. Je vous ai vu que vous n'étiez pas plus grand 5 que cela.

MONSIEUR JOURDAIN. Moi !

COVIELLLE. Oui, vous étiez le plus bel enfant du monde, et toutes les dames vous prenaient dans leurs bras pour vous baiser.

10 **MONSIEUR JOURDAIN**. Pour me baiser !

COVIELLLE. Oui. J'étais grand ami de feu[2] Monsieur votre père.

MONSIEUR JOURDAIN. De feu Monsieur mon père !

COVIELLLE. Oui. C'était un fort honnête gentilhomme.

15 **MONSIEUR JOURDAIN**. Comment dites-vous ?

COVIELLLE. Je dis que c'était un fort honnête gentilhomme.

MONSIEUR JOURDAIN. Mon père !

COVIELLLE. Oui.

---

1. M. Jourdain s'adresse à sa femme, qui se retire, puis demeure seul en scène.
2. **Feu** : décédé, disparu.

MONSIEUR JOURDAIN. Vous l'avez fort connu ?

20 **COVIELLLE.** Assurément.

MONSIEUR JOURDAIN. Et vous l'avez connu pour gentil-homme[1] ?

COVIELLLE. Sans doute.

MONSIEUR JOURDAIN. Je ne sais donc pas comment le
25 monde est fait.

COVIELLLE. Comment ?

MONSIEUR JOURDAIN. Il y a de sottes gens qui me veulent dire qu'il a été marchand.

COVIELLLE. Lui marchand ! C'est pure médisance, il ne l'a
30 jamais été. Tout ce qu'il faisait, c'est qu'il était fort obligeant[2], fort officieux[3] ; et comme il se connaissait fort bien en étoffes, il en allait choisir de tous les côtés, les faisait apporter chez lui, et en donnait à ses amis pour de l'argent.

MONSIEUR JOURDAIN. Je suis ravi de vous connaître, afin
35 que vous rendiez ce témoignage-là, que mon père était gentilhomme.

COVIELLLE. Je le soutiendrai devant tout le monde.

MONSIEUR JOURDAIN. Vous m'obligerez. Quel sujet vous amène ?

40 **COVIELLLE.** Depuis avoir connu feu Monsieur votre père, honnête gentilhomme, comme je vous ai dit, j'ai voyagé par tout le monde.

MONSIEUR JOURDAIN. Par tout le monde !

COVIELLLE. Oui.

45 **MONSIEUR JOURDAIN.** Je pense qu'il y a bien loin en ce pays-là.

---

1. **Pour gentilhomme :** comme étant gentilhomme.
2. **Obligeant :** aimable, serviable.
3. **Officieux :** qui cherche à rendre service.

COVIELLLE. Assurément. Je ne suis revenu de tous mes longs voyages que depuis quatre jours ; et par l'intérêt que je
50 prends à tout ce qui vous touche, je viens vous annoncer la meilleure nouvelle du monde.

MONSIEUR JOURDAIN. Quelle ?

COVIELLLE. Vous savez que le fils du Grand Turc[1] est ici ?

MONSIEUR JOURDAIN. Moi ? Non.

55 **COVIELLLE.** Comment ? il a un train[2] tout à fait magnifique ; tout le monde le va voir, et il a été reçu en ce pays comme un seigneur d'importance.

MONSIEUR JOURDAIN. Par ma foi ! je ne savais pas cela.

COVIELLLE. Ce qu'il y a d'avantageux pour vous, c'est
60 qu'il est amoureux de votre fille.

MONSIEUR JOURDAIN. Le fils du Grand Turc ?

COVIELLLE. Oui ; et il veut être votre gendre.

MONSIEUR JOURDAIN. Mon gendre, le fils du Grand Turc !

65 **COVIELLLE.** Le fils du Grand Turc votre gendre. Comme je le fus voir, et que j'entends parfaitement sa langue, il s'entretint avec moi ; et, après quelques autres discours, il me dit : *Acciam croc soler ouch alla moustaph gidelum amanahem varahini oussere carbulath*, c'est-à-dire : « N'as-tu point vu une
70 jeune belle personne, qui est la fille de Monsieur Jourdain, gentilhomme parisien ? »

MONSIEUR JOURDAIN. Le fils du Grand Turc dit cela de moi ?

COVIELLLE. Oui. Comme je lui eus répondu que je vous
75 connaissais particulièrement, et que j'avais vu votre fille : « Ah ! me dit-il, *marababa sahem* » ; c'est-à-dire « Ah ! que je suis amoureux d'elle ! »

---

1. **Grand Turc :** chef suprême des Turcs.
2. **Train :** ensemble de domestiques, de chevaux et de voitures.

MONSIEUR JOURDAIN. *Marababa sahem* veut dire « Ah ! que je suis amoureux d'elle » ?

80 **COVIELLE.** Oui.

MONSIEUR JOURDAIN. Par ma foi ! vous faites bien de me le dire, car pour moi je n'aurais jamais cru que *marababa sahem* eût voulu dire : « Ah ! que je suis amoureux d'elle ! » Voilà une langue admirable que ce turc !

85 **COVIELLE.** Plus admirable qu'on ne peut croire. Savez-vous bien ce que veut dire *cacaracamouchen* ?

MONSIEUR JOURDAIN. *Cacaracamouchen* ? Non.

COVIELLE. C'est-à-dire : « Ma chère âme. »

MONSIEUR JOURDAIN. *Cacaracamouchen* veut dire « ma 90 chère âme » ?

COVIELLE. Oui.

MONSIEUR JOURDAIN. Voilà qui est merveilleux ! *Cacaracamouchen*, « Ma chère âme. » Dirait-on jamais cela ? Voilà qui me confond.

95 **COVIELLE.** Enfin, pour achever mon ambassade[1], il vient vous demander votre fille en mariage ; et pour avoir un beau-père qui soit digne de lui, il veut vous faire *mamamouchi*[2], qui est une certaine grande dignité de son pays.

MONSIEUR JOURDAIN. *Mamamouchi* ?

100 **COVIELLE.** Oui, *Mamamouchi* ; c'est-à-dire, en notre langue, paladin[3]. Paladin, ce sont de ces anciens… Paladin enfin. Il n'y a rien de plus noble que cela dans le monde, et vous irez de pair avec les plus grands seigneurs de la terre.

---

1. **Ambassade :** mission.
2. **Mamamouchi :** mot inventé par Molière, selon le dictionnaire Littré, à partir de l'arabe *mà menou chi* (pas bonne chose).
3. **Paladin** est le nom donné, dans les romans de chevalerie, aux seigneurs qui suivaient Charlemagne. Mais les souvenirs littéraires de Covielle sont approximatifs.

MONSIEUR JOURDAIN. Le fils du Grand Turc m'honore
105 beaucoup, et je vous prie de me mener chez lui pour lui faire
mes remerciements.

COVIELLLE. Comment ? le voilà qui va venir ici.

MONSIEUR JOURDAIN. Il va venir ici ?

COVIELLLE. Oui ; et il amène toutes choses pour la
110 cérémonie de votre dignité.

MONSIEUR JOURDAIN. Voilà qui est bien prompt.

COVIELLLE. Son amour ne peut souffrir aucun
retardement[1].

MONSIEUR JOURDAIN. Tout ce qui m'embarrasse ici, c'est
115 que ma fille est une opiniâtre, qui s'est allée mettre dans la
tête un certain Cléonte, et elle jure de n'épouser personne
que celui-là.

COVIELLLE. Elle changera de sentiment quand elle verra le
fils du Grand Turc ; et puis il se rencontre ici une aventure
120 merveilleuse, c'est que le fils du Grand Turc ressemble à ce
Cléonte, à peu de chose près. Je viens de le voir, on me l'a
montré ; et l'amour qu'elle a pour l'un, pourra passer aisément à l'autre, et... Je l'entends venir : le voilà.

SCÈNE 4. CLÉONTE, *en Turc, avec trois pages portant sa*
veste[2], MONSIEUR JOURDAIN, COVIELLLE, *déguisé.*

CLÉONTE. *Ambousahim oqui boraf, Iordina salamalequi*[3].

COVIELLLE. C'est-à-dire : « Monsieur Jourdain, votre
cœur soit toute l'année comme un rosier fleuri. » Ce sont
façons de parler obligeantes de ces pays-là.

---

1. **Retardement** : retard.
2. **Sa veste** : c'est, au XVIIe siècle, un long habit de dessous chez les
   Orientaux ; les pages en portent les pans comme une traîne.
3. Ces dialogues, inventés par Molière, ne contiennent que quelques mots
   qui rappellent l'arabe ou le turc. On sait que Molière a été conseillé par le
   chevalier d'Arvieux, qui parlait turc et connaissait les mœurs du pays.

5 **MONSIEUR JOURDAIN**. Je suis très humble serviteur de Son Altesse Turque.

COVIELLLE. *Carigar camboto oustin moraf.*

CLÉONTE. *Oustin yoc catamalequi basum base alla moran.*

COVIELLLE. Il dit « que le Ciel vous donne la force des 10 lions et la prudence des serpents ! »

MONSIEUR JOURDAIN. Son Altesse Turque m'honore trop, et je lui souhaite toutes sortes de prospérités.

COVIELLLE. *Ossa binamen sadoc babally oracaf ouram.*

CLÉONTE. *Bel-men.*

15 **COVIELLLE**. Il dit que vous alliez vite avec lui vous préparer pour la cérémonie, afin de voir ensuite votre fille, et de conclure le mariage.

MONSIEUR JOURDAIN. Tant de choses en deux mots ?

COVIELLLE. Oui, la langue turque est comme cela, elle dit 20 beaucoup en peu de paroles. Allez vite où il souhaite.

SCÈNE 5. DORANTE, COVIELLLE.

COVIELLLE. Ha, ha, ha. Ma foi ! cela est tout à fait drôle. Quelle dupe ! Quand il aurait appris son rôle par cœur, il ne pourrait pas le mieux jouer[1]. Ah, ah. Je vous prie, Monsieur, de nous vouloir aider céans[2], dans une affaire qui s'y passe.

5 **DORANTE**. Ah, ah, Covielle, qui t'aurait reconnu ? Comme te voilà ajusté[3] !

COVIELLLE. Vous voyez. Ah, ah.

DORANTE. De quoi ris-tu ?

COVIELLLE. D'une chose, Monsieur, qui le mérite bien.

10 **DORANTE**. Comment ?

---

1. Jusque là Covielle est seul ; puis il s'adresse à Dorante.
2. **Céans :** ici, dans la maison.
3. **Ajusté :** déguisé.

COVIELLLE. Je vous le donnerais en bien des fois[1], Monsieur, à deviner, le stratagème[2] dont nous nous servons auprès de Monsieur Jourdain, pour porter son esprit à donner sa fille à mon maître.

15 **DORANTE**. Je ne devine point le stratagème ; mais je devine qu'il ne manquera pas de faire son effet, puisque tu l'entreprends.

COVIELLLE. Je sais, Monsieur, que la bête[3] vous est connue.

DORANTE. Apprends-moi ce que c'est.

20 **COVIELLLE**. Prenez la peine de vous tirer[4] un peu plus loin, pour faire place à ce que j'aperçois venir. Vous pourrez voir une partie de l'histoire, tandis que je vous conterai le reste.

Six Turcs dansant entre eux gravement deux à deux, au son de tous les instruments. Ils portent trois tapis fort longs, dont ils font plusieurs figures, et, à la fin de cette première cérémonie, ils les lèvent fort haut ; les Turcs musiciens, et autres joueurs d'instruments, passent par dessous ; quatre Derviches qui accompagnent le Mufti[5] ferment cette marche.

Alors les Turcs étendent les tapis par terre, et se mettent dessus à genoux ; le Mufti est debout au milieu, qui fait une invocation avec des contorsions et des grimaces, levant le menton, et remuant les mains contre sa tête, comme si c'était des ailes. Les Turcs se prosternent jusqu'à terre, chantant Alli, *puis se relèvent, chantant* Alla, *et continuant alternativement jusqu'à la fin de l'invocation ; puis ils se lèvent tous, chantant* Alla ekber[6].

---

1. **Je vous... fois** : je vous mets au défi de faire mieux que moi.
2. **Stratagème** : ruse, tour.
3. **La bête** : Covielle se désigne lui-même par ces mots (vous me connaissez).
4. **De vous tirer** : de vous retirer (cette forme n'est pas familière au XVIIe siècle).
5. **Derviche** (ou dervis) : sorte de religieux musulman. **Mufti** : prêtre de la religion musulmane, qui a des pouvoirs religieux (lecture et interprétation du Coran) mais aussi judiciaires (jugement dans des litiges).
6. Dans cette scène, les personnages vont s'exprimer dans un turc de fantaisie, qui ressemble en fait à une langue bâtarde que l'on parlait dans les ports de la Méditerranée : la langue franche.

Alors les Derviches amènent devant le Mufti le Bourgeois vêtu à la turque, rasé, sans turban, sans sabre, auquel il chante gravement ces paroles :

LE MUFTI

Se ti sabir,	Si toi savoir,
Ti respondir ;	Toi répondre ;
25 *Se non sabir,*	Si toi ne pas savoir,
Tazir, tazir	Te taire, te taire.

Mi star Mufti :	Moi être Mufti :
Ti qui star ti ?	Toi qui être, toi ?
Non intendir :	Pas entendre :
30 *Tazir, tazir.*	Te taire, te taire.

Deux Derviches font retirer le Bourgeois. Le Mufti demande aux Turcs de quelle religion est le Bourgeois, et chante :

Dice, Turque, qui star quista,	Dis, Turc, qui être celui-ci,
Anabatista, anabatista ?	Anabaptiste, anabaptiste[1] ?

LES TURCS *répondent.*

Ioc.	Non.

LE MUFTI

Zuinglista ?	Zwinglien[2] ?

LES TURCS

35 *Ioc.*	Non.

LE MUFTI

Coffita ?	Cophte[3] ?

---

1. **Anabaptiste** : membre d'une secte protestante allemande.
2. **Zwinglien** : disciple de Zwingli, fondateur d'une secte protestante au XVIe siècle.
3. **Cophte** : ou « copte », « nom que les mahométans donnent par mépris aux chrétiens et moines d'Égypte » (dictionnaire de Furetière).

P.Brissart. d.

LE BOURGEOIS GENTILHÕME.

J. Sauué F.

Jean Sauvé, illustration pour
Molière : les œuvres de Monsieur de Molière, 1682.
(Paris, Bibliothèque nationale de France.)

LES TURCS

Ioc.   Non.

LE MUFTI

Hussita ? Morista ? Fronista ? Hussite, More, Phrontiste[1] ?

LES TURCS

Ioc. Ioc. Ioc.   Non, non, non.

LE MUFTI *répète.*

40 *Ioc. Ioc. Ioc.*   Non, non, non.
    Star pagana ?   Être païen[2] ?

LES TURCS

Ioc.   Non.

LE MUFTI

Luterana ?   Luthérien[3] ?

LES TURCS

Ioc.   Non.

LE MUFTI

45 *Puritana ?*   Puritain[4] ?

LES TURCS

Ioc.   Non.

LE MUFTI

Bramina ? Moffina ? Zurina ? Brahmane[5] ? …? …?

---

1. **Hussite :** disciple de Jean Huss, réformateur tchèque de la fin du XIVᵉ siècle. **Moriste :** peut-être équivalent de *morisque*, More d'Espagne. On ignore le sens de *Fronista*.
2. **Païen :** qui ne croit pas en Dieu, impie.
3. **Luthérien :** disciple de Luther, fondateur de l'Église protestante allemande.
4. **Puritain :** membre d'une communauté anglaise protestante.
5. **Brahmane :** membre d'une caste indoue. On ignore le sens de *Moffina* et de *Zurina*.

LES TURCS

Ioc. Ioc. Ioc.	Non, non, non.

LE MUFTI *répète.*

Ioc. Ioc. Ioc.	Non, non, non.
50 *Mahametana, Mahametana ?*	Mahométan, mahométan ?

LES TURCS

Hey valla. Hey valla.	Oui par Dieu. Oui par Dieu.

LE MUFTI

Como chamara ? Como chamara ?	Comment s'appelle-t-il ? (bis)

LES TURCS

Giourdina, Giourdina.	Jourdain, Jourdain.

LE MUFTI

Giourdina.	Jourdain.

LE MUFTI *sautant et regardant de côté et d'autre.*

55 *Giourdina ? Giourdina ?*	Jourdain, Jourdain,
Giourdina ?	Jourdain.

LES TURCS *répètent.*

Giourdina ! Giourdina !	Jourdain, Jourdain,
Giourdina !	Jourdain.

LE MUFTI

Mahameta per Giourdina	Mahomet, pour Jourdain,
60 *Mi pregar sera e matina*	Moi prier soir et matin
Voler far un Paladina	Vouloir faire un paladin[1]
De Giourdina, de Giourdina.	De Jourdain, de Jourdain.
Dar turbanta, e dar scarcina	Donner turban et donner sabre
Con galera e brigantina	Avec galère et brigantin[2]
65 *Per deffender Palestina.*	Pour défendre la Palestine.
Mahameta per Giourdina, etc.	Mahomet pour Jourdain, etc.

---

1. **Paladin :** seigneur de la suite d'un empereur.
2. **Brigantin :** navire à deux mâts de petit tonnage.

Après quoi, le Mufti demande aux Turcs si le Bourgeois est ferme dans la religion mahométane, et leur chante ces paroles :

LE MUFTI

Star bon Turca Giourdina ? Bis.   Est-il bon turc, Jourdain ?

LES TURCS

Hey valla. Hey valla. Bis.   Oui par Dieu.. Oui par Dieu.

LE MUFTI *chante et danse.*

Hu la ba ba la chou ba la ba ba la da.

Après que le Mufti s'est retiré, les Turcs dansent, et répètent ces mêmes paroles.

70 *Hu la ba ba la chou ba la ba ba la da.*

Le Mufti revient, avec son turban de cérémonie qui est d'une grosseur démesurée, garni de bougies allumées, à quatre ou cinq rangs.

Deux Derviches l'accompagnent, avec des bonnets pointus garnis aussi de bougies allumées, portant l'Alcoran[1] : les deux autres Derviches amènent le Bourgeois, qui est tout épouvanté de cette cérémonie, et le font mettre à genoux le dos tourné au Mufti, puis, le faisant incliner jusques à mettre ses mains par terre, ils lui mettent l'Alcoran sur le dos, et le font servir de pupitre au Mufti, qui fait une invocation burlesque, fronçant le sourcil, et ouvrant la bouche, sans dire mot ; puis parlant avec véhémence, tantôt radoucissant sa voix, tantôt la poussant d'un enthousiasme à faire trembler, en se poussant les côtes avec les mains, comme pour faire sortir ses paroles frappant quelquefois les mains sur l'Alcoran, et tournant les feuillets avec précipitation, et finit enfin en levant les bras, et criant à haute voix : Hou.

Pendant cette invocation, les Turcs assistants chantent Hou, hou, hou, s'inclinant à trois reprises, puis se relèvent de même à trois reprises, en chantant Hou, hou, hou, et continuant alternativement pendant toute l'invocation du Mufti.

---

1. L'Alcoran : le Coran.

Jean Meyer (Covielle) et Louis Seigner (M. Jourdain),
dans la mise en scène de Jean Meyer, Comédie-Française, 1951.

*Après que l'invocation est finie, les Derviches ôtent l'Alcoran
de dessus le dos du Bourgeois, qui crie* Ouf, *parce qu'il est las
d'avoir été longtemps en cette posture, puis ils le relèvent.*

LE MUFTI *s'adressant au Bourgeois.*

Ti non star furba ?   Toi n'être pas fourbe ?

LES TURCS

No, no, no.   Non, non, non.

LE MUFTI

Non star forfanta ?   N'être pas imposteur ?

LES TURCS

No, no, no.   Non, non, non.

LE MUFTI *aux Turcs.*

75 *Donar turbanta. Donar turbanta.*   Donner le turban.
                              Donner le turban.

Et s'en va.

*Les Turcs répètent tout ce que dit le Mufti, et donnent en
dansant et en chantant, le turban au Bourgeois.*

LE MUFTI *revient et donne le sabre au Bourgeois.*

Ti star nobile, non star fabola.   Toi être noble, cela n'être pas
                              une fable.
80 *Pigliar schiabola.*   Prendre le sabre.

Puis il se retire.

*Les Turcs répètent les mêmes mots, mettant tous le sabre à la
main ; et six d'entre eux dansent autour du Bourgeois auquel
ils feignent de donner plusieurs coups de sabre.*

LE MUFTI *revient, et commande aux Turcs de bâtonner
le Bourgeois, et chante ces paroles.*

Dara, dara, bastonara,   Donnez, donnez
bastonara, bastonara.   bastonnade, bastonnade…

Puis il se retire.

*Les Turcs répètent les mêmes paroles, et donnent au Bour-
geois plusieurs coups de bâton en cadence.*

LE MUFTI *revient et chante.*

Non tener honta :	N'avoir pas honte :
Questa star l'ultima affronta.	Ceci être le dernier affront.

Les Turcs répètent les mêmes vers.

Le Mufti, au son de tous les instruments, recommence une invocation, appuyé sur ses Derviches : après toutes les fatigues de cette cérémonie, les Derviches le soutiennent par-dessous les bras avec respect, et tous les Turcs sautant dansant et chantant autour du Mufti, se retirent au son de plusieurs instruments à la turque.

SITUER

Ici commence la mascarade imaginée par Covielle, lui-même déguisé en Turc, pour tromper M. Jourdain.

RÉFLÉCHIR

PERSONNAGES : la surprise et le ravissement

1. Pourquoi M. Jourdain croit-il si vite ce que lui raconte Covielle ? Ne fait-il pas tout de même un bref commentaire de bon sens ? Quel est l'adjectif qui conviendrait pour le décrire ?

2. Comment pourrait-on qualifier l'expression de M. Jourdain dans la mise en scène de Jean-Louis Barrault (photo p. 204) ? Quelles sont les répliques de Covielle qui stupéfient M. Jourdain ? Pour quelles raisons précises ?

3. Pourquoi le bourgeois n'hésite-t-il pas à accorder la main de sa fille au fils du Grand Turc ? S'inquiète-t-il de ce qu'elle penserait de cette alliance ? De quel terme pourrait-on qualifier ce comportement ?

STRATÉGIES : la sainte alliance

4. Citez tous les personnages qui unissent leurs efforts en faveur du mariage de Cléonte et Lucile.

5. Pourquoi est-il important que Dorante soit mis au courant de la mascarade par Covielle (sc. 5) ?

6. Ne pourrait-on pas trouver condamnable le comportement de Cléonte et de Covielle ? Pourquoi donc le spectateur n'adopte-t-il pas ce point de vue ?

GENRES : la fantaisie de la comédie-ballet

7. Avec la mise en place de la mascarade, la comédie évolue vers la farce, qui se caractérise par des grossissements et des exagérations plus marqués. Citez des effets comiques de mots, liés aux sonorités, à la traduction (sc. 3 et 4), et au sens (cérémonie turque).

8. Que pensez-vous du costume de Covielle (photo p. 204) ? Pourquoi doit-il être plus fantaisiste que réaliste ? Comment interprétez-vous le jeu des regards ?

PERSONNAGES

1. Montrez que M. Jourdain s'enfonce progressivement dans sa folie.

2. Il est de plus en plus trompé mais de plus en plus heureux. Quelles sont les dispositions d'esprit du spectateur à son égard ?

GENRES

3. Alors que les affaires de Lucile et Cléonte vont mieux, grâce à l'alliance qui se fait en leur faveur, les projets amoureux de M. Jourdain semblent être passés au second plan ; quelles en sont les raisons ?

4. Étudiez les enchaînements entre l'acte IV et l'acte V, ainsi qu'entre les différentes scènes de l'acte IV. Quel en est l'effet sur le rythme de l'action ?

5. La mascarade, qui fait évoluer la comédie vers la farce, entraîne les personnages vers le monde de l'illusion et de la fantaisie : d'une part, les personnages s'amusent eux-mêmes à jouer une comédie à M. Jourdain (procédé du théâtre dans le théâtre), d'autre part la comédie-ballet permet d'introduire des intermèdes qui contribuent au sentiment d'ivresse général. En quoi cela forme-t-il un contraste avec les trois premiers actes de la pièce ?

6. Connaissez-vous une mascarade aussi bouffonne que la cérémonie turque, dans une pièce célèbre de la fin de la carrière de Molière ? Comparez ces deux intermèdes.

ACTE V

SCÈNE PREMIÈRE
MADAME JOURDAIN, MONSIEUR JOURDAIN.

MADAME JOURDAIN. Ah mon Dieu ! miséricorde ! Qu'est-ce que c'est donc que cela ? Quelle figure[1] ! Est-ce un momon que vous allez porter[2] ; et est-il temps d'aller en masque ? Parlez donc, qu'est-ce que c'est que ceci ? Qui
5 vous a fagoté comme cela ?

MONSIEUR JOURDAIN. Voyez l'impertinente, de parler de la sorte à un *Mamamouchi* !

MADAME JOURDAIN. Comment donc ?

MONSIEUR JOURDAIN. Oui, il me faut porter du respect
10 maintenant, et l'on vient de me faire *Mamamouchi*.

MADAME JOURDAIN. Que voulez-vous dire avec votre *Mamamouchi* ?

MONSIEUR JOURDAIN. *Mamamouchi*, vous dis-je. Je suis *Mamamouchi*.

15 **MADAME JOURDAIN.** Quelle bête est-ce là ?

MONSIEUR JOURDAIN. *Mamamouchi*, c'est-à-dire, en notre langue, Paladin.

MADAME JOURDAIN. Baladin[3] ! Êtes-vous en âge de danser des ballets ?

20 **MONSIEUR JOURDAIN.** Quelle ignorante ! Je dis Paladin : c'est une dignité dont on vient de me faire la cérémonie.

MADAME JOURDAIN. Quelle cérémonie donc ?

MONSIEUR JOURDAIN. *Mahameta per Iordina.*

MADAME JOURDAIN. Qu'est-ce que cela veut dire ?

---

1. **Quelle figure :** quelle allure, quelle apparence.
2. Durant le carnaval, des gens masqués allaient de maison en maison proposer une partie de dés sans revanche, le *momon*. De là l'expression *porter le momon*.
3. **Baladin :** danseur de ballet, et aussi comédien ambulant.

25 **MONSIEUR JOURDAIN.** *Iordina*, c'est-à-dire Jourdain.

MADAME JOURDAIN. Hé bien ! quoi, Jourdain ?

MONSIEUR JOURDAIN. *Voler far un Paladina de Iordina.*

MADAME JOURDAIN. Comment ?

MONSIEUR JOURDAIN. *Dar turbanta con galera.*

30 **MADAME JOURDAIN.** Qu'est-ce à dire cela ?

MONSIEUR JOURDAIN. *Per deffender Palestina.*

MADAME JOURDAIN. Que voulez-vous donc dire ?

MONSIEUR JOURDAIN. *Dara dara bastonara.*

MADAME JOURDAIN. Qu'est-ce donc que ce jargon-là ?

35 **MONSIEUR JOURDAIN.** *Non tener honta : questa star l'ultima affronta.*

MADAME JOURDAIN. Qu'est-ce que c'est donc que tout cela ?

MONSIEUR JOURDAIN *danse et chante. Hou la ba ba la*
40 *chou ba la ba ba la da (et tombe par terre).*

MADAME JOURDAIN. Hélas, mon Dieu ! mon mari est devenu fou.

MONSIEUR JOURDAIN, se relevant et s'en allant. Paix ! insolente, portez respect à Monsieur le *Mamamouchi*[1].

45 **MADAME JOURDAIN.** Où est-ce qu'il a donc perdu l'esprit ? Courons l'empêcher de sortir. Ah, ah ! Voici justement le reste de notre écu[2]. Je ne vois que chagrin de tous côtés.

Elle sort.

---

1. M. Jourdain se retire.
2. **Le reste de notre écu :** le comble de notre malheur (Mme Jourdain aperçoit Dorante et Dorimène, qu'elle n'aime pas). « Quand on voit venir un importun en une compagnie, on dit : voilà le reste de notre écu » (dictionnaire de Furetière, 1690).

SITUER

Mme Jourdain retrouve son mari transfiguré par son nouveau titre de
« Mamamouchi ».

RÉFLÉCHIR

PERSONNAGES : le noble et la bourgeoise

1. À quels signes voit-on que M. Jourdain se sent supérieur à son
épouse ? Illustrez votre réponse.

2. À quel moment renonce-t-il à donner des explications à sa
femme ? Pour quelle raison le fait-il ?

3. Par quel malentendu Molière montre-t-il le fossé qui sépare maintenant le bourgeois de son épouse ?

4. Mme Jourdain a-t-elle changé d'attitude envers son mari ? Justifiez votre réponse.

5. Pourquoi M. Jourdain continue-t-il de répéter des phrases
turques prononcées lors de la cérémonie, alors que son épouse n'y
comprend rien ?

GENRES : comique de caractère, de situation, de mots

6. Illustrez les différentes formes du comique de la scène.

MISE EN SCÈNE : camper un personnage

7. Vous êtes metteur en scène et vous donnez à l'acteur qui joue M.
Jourdain des indications sur la contenance et l'attitude qu'il doit
adopter dans la seconde partie de la scène.

SCÈNE 2. DORANTE, DORIMÈNE.

DORANTE. Oui, Madame, vous verrez la plus plaisante chose qu'on puisse voir ; et je ne crois pas que dans tout le monde il soit possible de trouver encore un homme aussi fou que celui-là. Et puis, Madame, il faut tâcher de servir
5 l'amour de Cléonte, et d'appuyer toute sa mascarade : c'est un fort galant homme, et qui mérite que l'on s'intéresse pour lui[1].

DORIMÈNE. J'en fais beaucoup de cas, et il est digne d'une bonne fortune[2].

10 **DORANTE.** Outre cela, nous avons ici, Madame, un ballet qui nous revient, que nous ne devons pas laisser perdre, et il faut bien voir si mon idée pourra réussir.

DORIMÈNE. J'ai vu là des apprêts magnifiques, et ce sont des choses, Dorante, que je ne puis plus souffrir. Oui, je veux
15 enfin vous empêcher vos profusions ; et, pour rompre le cours à toutes les dépenses que je vous vois faire pour moi, j'ai résolu de me marier promptement avec vous : c'en est le vrai secret, et toutes ces choses finissent avec le mariage.

DORANTE. Ah ! Madame, est-il possible que vous ayez pu
20 prendre pour moi une si douce résolution ?

DORIMÈNE. Ce n'est que pour vous empêcher de vous ruiner ; et, sans cela, je vois bien qu'avant qu'il fût peu, vous n'auriez pas un sou.

DORANTE. Que j'ai d'obligation, Madame, aux soins que
25 vous avez de conserver mon bien ! Il est entièrement à vous, aussi bien que mon cœur, et vous en userez de la façon qu'il vous plaira.

DORIMÈNE. J'userai bien de tous les deux. Mais voici votre homme ; la figure[3] en est admirable.

---

1. **Que l'on s'intéresse pour lui :** qu'on l'aide dans son entreprise.
2. **D'une bonne fortune :** d'avoir un sort heureux.
3. **Figure :** apparence.

SCÈNE 3. MONSIEUR JOURDAIN, DORANTE, DORIMÈNE.

DORANTE. Monsieur, nous venons rendre hommage, Madame et moi, à votre nouvelle dignité, et nous réjouir avec vous du mariage que vous faites de votre fille avec le fils du Grand Turc.

5 **MONSIEUR JOURDAIN**, *après avoir fait les révérences à la turque*[1]. Monsieur, je vous souhaite la force des serpents et la prudence des lions.

DORIMÈNE. J'ai été bien aise d'être des premières, Monsieur, à venir vous féliciter du haut degré de gloire où 10 vous êtes monté.

MONSIEUR JOURDAIN. Madame, je vous souhaite toute l'année votre rosier fleuri ; je vous suis infiniment obligé de prendre part aux honneurs qui m'arrivent, et j'ai beaucoup de joie de vous voir revenue ici pour vous faire les très 15 humbles excuses de l'extravagance de ma femme.

DORIMÈNE. Cela n'est rien, j'excuse en elle un pareil mouvement ; votre cœur lui doit être précieux, et il n'est pas étrange que la possession d'un homme comme vous puisse inspirer quelques alarmes.

20 **MONSIEUR JOURDAIN.** La possession de mon cœur est une chose qui vous est toute acquise.

DORANTE. Vous voyez, Madame, que Monsieur Jourdain n'est pas de ces gens que les prospérités aveuglent, et qu'il sait, dans sa gloire, connaître encore ses amis.

25 **DORIMÈNE.** C'est la marque d'une âme tout à fait généreuse.

DORANTE. Où est donc Son Altesse Turque ? Nous voudrions bien, comme vos amis, lui rendre nos devoirs.

MONSIEUR JOURDAIN. Le voilà qui vient, et j'ai envoyé quérir ma fille pour lui donner la main[2].

---

1. Faire **les révérences à la turque** consistait à se toucher de la main droite la bouche et le front avant de s'incliner.
2. **Donner la main :** geste qui engage la parole de celui qui le fait ; il équivaut ici à promettre le mariage.

Scène 4. Cléonte, *habillé en Turc*, Covielle, Monsieur Jourdain, *etc.*

Dorante. Monsieur, nous venons faire la révérence à Votre Altesse, comme amis de Monsieur votre beau-père, et l'assurer avec respect de nos très humbles services.

Monsieur Jourdain. Où est le truchement[1], pour lui
5 dire qui vous êtes, et lui faire entendre ce que vous dites ? Vous verrez qu'il vous répondra, et il parle turc à merveille. Holà ! où diantre est-il allé ? *(À Cléonte.) Strouf, strif, strof, straf.* Monsieur est un *grande segnore, grande segnore, grande segnore* ; et Madame une *granda Dama, granda Dama.* Ahi,
10 lui, Monsieur, lui *Mamamouchi* français, et Madame *Mamamouchie* française : je ne puis pas parler plus clairement. Bon, voici l'interprète. Où allez-vous donc ? Nous ne saurions rien dire sans vous. Dites-lui un peu que Monsieur et Madame sont des personnes de grande qualité[2], qui lui viennent faire la
15 révérence, comme mes amis, et l'assurer de leurs services. Vous allez voir comme il va répondre[3].

Covielle. *Alabala crociam acci boram alabamen.*

Cléonte. *Catalequi tubal ourin soter amalouchan.*

Monsieur Jourdain. Voyez-vous[4] ?

20 **Covielle.** Il dit que la pluie des prospérités arrose en tout temps le jardin de votre famille !

Monsieur Jourdain. Je vous l'avais bien dit, qu'il parle turc.

Dorante. Cela est admirable.

---

1. **Truchement :** interprète.
2. **De grande qualité :** de haute noblesse.
3. Cette dernière phrase est adressée à Dorimène et à Dorante.
4. Cette phrase est adressée à Dorimène et à Dorante.

■ SITUER

Dorimène accepte finalement d'épouser Dorante, et se rend avec lui chez M. Jourdain.

■ RÉFLÉCHIR

PERSONNAGES : l'aisance d'une personne de qualité

1. Comparez la révérence à la turque de M. Jourdain à la révérence qu'il a faite à Dorimène (III, 16). De même, le compliment turc qu'il lui adresse ici au compliment qu'il avait tenté de faire auparavant (III, 16, l. 9 à 15). Bien que le personnage soit toujours aussi ridicule, n'est-il pas plus à l'aise dans sa nouvelle dignité ? Justifiez votre réponse.

2. En quoi le bourgeois est-il particulièrement grotesque quand il se met à vouloir parler turc ? S'agit-il d'un comique de mots ou d'un comique de caractère ?

3. Citez les répliques de Dorimène montrant qu'elle est quelque peu ironique à l'égard du bourgeois (sc. 3).

STRATÉGIES : une seconde chance pour M. Jourdain

4. Pour quelles raisons Dorimène revient-elle chez M. Jourdain (sc. 2) ?

5. Quelle révélation, dangereuse pour son amour, Dorante pouvait-il craindre ? En quoi la scène 2 éloigne-t-elle ce danger ? Quel intérêt cela présente-t-il pour la pièce ?

Scène 5. Lucile, Monsieur Jourdain, Dorante, Dorimène, *etc.*

Monsieur Jourdain. Venez, ma fille, approchez-vous, et venez donner votre main à Monsieur, qui vous fait l'honneur de vous demander en mariage.

Lucile. Comment, mon père, comme vous voilà fait ! est-
5 ce une comédie que vous jouez ?

Monsieur Jourdain. Non, non, ce n'est pas une comédie, c'est une affaire fort sérieuse, et la plus pleine d'honneur pour vous qui se peut souhaiter. Voilà le mari que je vous donne[1].

10 **Lucile**. À moi, mon père ?

Monsieur Jourdain. Oui, à vous : allons, touchez-lui dans la main[2], et rendez grâce au Ciel de votre bonheur.

Lucile. Je ne veux point me marier.

Monsieur Jourdain. Je le veux, moi qui suis votre père.

15 **Lucile**. Je n'en ferai rien.

Monsieur Jourdain. Ah ! que de bruit ! Allons, vous dis-je. Çà votre main.

Lucile. Non, mon père, je vous l'ai dit, il n'est point de pouvoir qui me puisse obliger à prendre un autre mari que
20 Cléonte ; et je me résoudrai plutôt à toutes les extrémités, que de… *(Reconnaissant Cléonte.)* il est vrai que vous êtes mon père, je vous dois entière obéissance, et c'est à vous à disposer de moi selon vos volontés.

Monsieur Jourdain. Ah ! je suis ravi de vous voir si
25 promptement revenue dans votre devoir, et voilà qui me plaît, d'avoir une fille obéissante.

---

1. M. Jourdain montre Cléonte, déguisé en fils du Grand Turc.
2. **Touchez-lui dans la main :** en signe de consentement et d'accord.

SCÈNE DERNIÈRE. MADAME JOURDAIN, MONSIEUR JOURDAIN, CLÉONTE, *etc*.

MADAME JOURDAIN. Comment donc ? qu'est-ce que c'est que ceci ? On dit que vous voulez donner votre fille en mariage à un carême-prenant[1].

MONSIEUR JOURDAIN. Voulez-vous vous taire, imperti-
5 nente ? Vous venez toujours mêler vos extravagances à toutes choses, et il n'y a pas moyen de vous apprendre à être raisonnable.

MADAME JOURDAIN. C'est vous qu'il n'y a pas moyen de rendre sage, et vous allez de folie en folie. Quel est votre
10 dessein, et que voulez-vous faire avec cet assemblage[2] ?

MONSIEUR JOURDAIN. Je veux marier notre fille avec le fils du Grand Turc.

MADAME JOURDAIN. Avec le fils du Grand Turc !

MONSIEUR JOURDAIN. Oui, faites-lui faire vos compli-
15 ments par le truchement que voilà.

MADAME JOURDAIN. Je n'ai que faire du truchement, et je lui dirai bien moi-même à son nez qu'il n'aura point ma fille.

MONSIEUR JOURDAIN. Voulez-vous vous taire, encore une fois ?

20 **DORANTE.** Comment, Madame Jourdain, vous vous oppo-
sez à un bonheur comme celui-là ? Vous refusez Son Altesse Turque pour gendre ?

MADAME JOURDAIN. Mon Dieu, Monsieur, mêlez-vous de vos affaires.

25 **DORIMÈNE.** C'est une grande gloire, qui n'est pas à rejeter.

---

1. **Carême-prenant :** « on appelle ordinairement des carême-prenants ceux qui courent en masques mal habillés dans les rues pendant les jours gras [Carnaval]. On dit encore d'une personne vêtue d'une manière extravagante que *c'est un vrai carême-prenant* » (dictionnaire de l'Académie, 1694).
2. **Assemblage :** terme inhabituel et méprisant, à la place d'*union*.

MADAME JOURDAIN. Madame, je vous prie aussi de ne vous point embarrasser de ce qui ne vous touche pas.

DORANTE. C'est l'amitié que nous avons pour vous qui nous fait intéresser dans vos avantages[1].

30 **MADAME JOURDAIN.** Je me passerai bien de votre amitié.

DORANTE. Voilà votre fille qui consent aux volontés de son père.

MADAME JOURDAIN. Ma fille consent à épouser un Turc ?

DORANTE. Sans doute.

35 **MADAME JOURDAIN.** Elle peut oublier Cléonte ?

DORANTE. Que ne fait-on pas pour être grand'dame ?

MADAME JOURDAIN. Je l'étranglerais de mes mains, si elle avait fait un coup comme celui-là.

MONSIEUR JOURDAIN. Voilà bien du caquet. Je vous dis
40 que ce mariage-là se fera.

MADAME JOURDAIN. Je vous dis, moi, qu'il ne se fera point.

MONSIEUR JOURDAIN. Ah ! que de bruit !

LUCILE. Ma mère…

45 **MADAME JOURDAIN.** Allez, vous êtes une coquine.

MONSIEUR JOURDAIN. Quoi ? Vous la querellez de ce qu'elle m'obéit ?

MADAME JOURDAIN. Oui : elle est à moi, aussi bien qu'à vous.

50 **COVIELLE.** Madame…

MADAME JOURDAIN. Que me voulez-vous conter, vous ?

COVIELLE. Un mot.

MADAME JOURDAIN. Je n'ai que faire de votre mot.

---

1. **Qui nous fait… avantages :** qui nous pousse à nous intéresser à ce qui est avantageux pour vous.

Covielle, *à M. Jourdain*. Monsieur, si elle veut écouter
55 une parole en particulier, je vous promets de la faire consentir à ce que vous voulez.

Madame Jourdain. Je n'y consentirai point.

Covielle. Écoutez-moi seulement.

Madame Jourdain. Non.

60 **Monsieur Jourdain**. Écoutez-le.

Madame Jourdain. Non, je ne veux pas l'écouter.

Monsieur Jourdain. Il vous dira…

Madame Jourdain. Je ne veux point qu'il me dise rien.

Monsieur Jourdain. Voilà une grande obstination de
65 femme ! Cela vous fera-t-il mal, de l'entendre ?

Covielle. Ne faites que m'écouter ; vous ferez après ce
qu'il vous plaira.

Madame Jourdain. Hé bien ! quoi ?

Covielle, *à part*. Il y a une heure, Madame, que nous
70 vous faisons signe. Ne voyez-vous pas bien que tout ceci
n'est fait que pour nous ajuster aux visions de votre mari,
que nous l'abusons sous ce déguisement, et que c'est
Cléonte lui-même qui est le fils du Grand Turc ?

Madame Jourdain. Ah, ah !

75 **Covielle**. Et moi Covielle qui suis le truchement[1] ?

Madame Jourdain. Ah ! comme cela, je me rends.

Covielle. Ne faites pas semblant de rien[2].

Madame Jourdain. Oui, voilà qui est fait, je consens au
mariage[3].

---

1. Covielle prononce aussi cette phrase en aparté, et Mme Jourdain répond
de même, afin que M. Jourdain ne se doute de rien.
2. **Ne faites… rien :** faites comme si de rien n'était.
3. Mme Jourdain parle maintenant à haute voix.

80 **MONSIEUR JOURDAIN**. Ah ! voilà tout le monde raisonnable. Vous ne vouliez pas l'écouter. Je savais bien qu'il vous expliquerait ce que c'est que le fils du Grand Turc.

MADAME JOURDAIN. Il me l'a expliqué comme il faut, et j'en suis satisfaite. Envoyons quérir un notaire.

85 **DORANTE**. C'est fort bien dit. Et afin, Madame Jourdain, que vous puissiez avoir l'esprit tout à fait content, et que vous perdiez aujourd'hui toute la jalousie que vous pourriez avoir conçue de Monsieur votre mari, c'est que nous nous servirons du même notaire pour nous marier, Madame et moi.

90 **MADAME JOURDAIN**. Je consens aussi à cela.

MONSIEUR JOURDAIN. C'est pour lui faire accroire[1].

DORANTE. Il faut bien l'amuser avec cette feinte.

MONSIEUR JOURDAIN. Bon, bon. Qu'on aille quérir le notaire.

95 **DORANTE**. Tandis qu'il viendra, et qu'il dressera les contrats, voyons notre ballet, et donnons-en le divertissement à Son Altesse Turque.

MONSIEUR JOURDAIN. C'est fort bien avisé : allons prendre nos places.

100 **MADAME JOURDAIN**. Et Nicole ?

MONSIEUR JOURDAIN. Je la donne au truchement ; et ma femme à qui la voudra.

COVIELLE. Monsieur, je vous remercie. Si l'on en peut voir un plus fou, je l'irai dire à Rome[2].

La comédie finit par un petit ballet qui avait été préparé.

---

1. **Lui faire accroire :** la berner, la tromper. M. Jourdain dit cette réplique en aparté à Dorante, qui lui répond de même.
2. Cette expression était proverbiale ; Covielle la prononce en aparté.

■ SITUER

Selon la tradition, tous les personnages sont réunis sur la scène pour la fin de la pièce, mais tous ne sont pas au courant de la mascarade ni de l'identité du fils du Grand Turc. C'est donc une scène de « théâtre dans le théâtre », puisque les uns jouent la comédie aux autres.

■ RÉFLÉCHIR

PERSONNAGES : aveuglé par son idée fixe

1. M. Jourdain ne s'étonne pas beaucoup du revirement inattendu de sa fille (sc. 5) et de sa femme (sc. 6). Comment l'expliquez-vous ? Citez une scène précédente où il a déjà admis bien vite quelque chose d'invraisemblable.

SOCIÉTÉ : le pouvoir du père de famille

2. Bien que Lucile prétende qu'« il n'est point de pouvoir » qui puisse l'obliger à épouser quelqu'un qu'elle n'a pas choisi, est-il vraisemblable, au XVIIᵉ siècle, qu'une fille résiste aux volontés de son père ? Citez d'autres pièces où ce problème est évoqué.

3. Que révèle le décor (photo p. 170) quant à la situation sociale de M. Jourdain ?

GENRES : un dénouement de comédie

4. Un critique, Charles Mauron, pense que la comédie représente un « monde inversé » par rapport au réel, car souvent la jeunesse, l'amour et la ruse triomphent de la vieillesse et de l'autorité paternelle. En quoi le dénouement* de cette pièce est-il l'inverse de ce qui se serait passé dans la réalité ?

5. Pourquoi l'exclamation de M. Jourdain (sc. 6, l. 9 à 15) est-elle particulièrement drôle ?

6. Cette dernière scène contient des effets comiques variés ; citez des exemples de comiques de caractère et de situation.

MISE EN SCÈNE : le jeu des apartés

7. Pourquoi est-il indispensable, dans la scène finale, que M. Jourdain soit au centre du plateau ? Observez bien la photo de la page 170 pour répondre.

■ ÉCRIRE

8. Vous voulez un scooter pour votre anniversaire, mais vos parents refusent tout net. Imaginez que vous résistez de front à leur volonté. Racontez la scène, en décrivant leurs réactions et vos émotions.

BALLET DES NATIONS

PREMIÈRE ENTRÉE

Un homme vient donner les livres du ballet[1], qui d'abord est fatigué[2] par une multitude de gens de provinces différentes, qui crient en musique pour en avoir, et par trois Importuns, qu'il trouve toujours sur ses pas.

DIALOGUE DES GENS
QUI EN MUSIQUE DEMANDENT DES LIVRES.

TOUS
À moi, Monsieur, à moi de grâce, à moi, Monsieur :
Un livre, s'il vous plaît, à votre serviteur.

HOMME DU BEL AIR[3]
Monsieur, distinguez-nous parmi les gens qui crient.
Quelques livres ici, les dames vous en prient.

AUTRE HOMME DU BEL AIR
5 *Holà ! Monsieur, Monsieur, ayez la charité*
D'en jeter de notre côté.

FEMME DU BEL AIR
Mon Dieu ! qu'aux personnes bien faites[4]
On sait peu rendre honneur céans[5].

AUTRE FEMME DU BEL AIR
Ils n'ont des livres et des bancs
10 *Que pour Mesdames les grisettes[6].*

---

1. Lors des représentations, on distribuait des livrets qui permettaient aux spectateurs de mieux suivre le ballet.
2. **Qui d'abord est fatigué :** qui est immédiatement importuné.
3. **Du bel air :** aux manières raffinées, qui est à la mode.
4. **Bien faites :** de la bonne société, distinguées.
5. **Céans :** ici.
6. **Grisettes :** femmes de basse condition sociale.

GASCON

Aho ! l'homme aux libres, qu'on m'en vaille[1] !
J'ai déjà lé poumon usé.
Bous boyez qué chacun mé raille ;
Et jé suis escandalisé
15 *De boir és mains dé la canaille*
Cé qui m'est par bous refusé.

AUTRE GASCON

Eh cadédis ! Monseu, boyez qui l'on pût être:
Un libret, je bous prie, au varon d'Asbarat.
Jé pense, mordy, qué lé fat
20 *N'a pas l'honnur dé mé connaître.*

LE SUISSE

Mon'-sieur le donneur de papieir,
Que veul dir sti façon de fifre ?
Moy l'écorchair tout mon gosieir
À crieir,
25 *Sans que je pouvre afoir ein lifre :*
Pardy, mon foi ! Mon'-sieur, je pense fous l'être ifre.

VIEUX BOURGEOIS BABILLARD

De tout ceci, franc et net,
Je suis mal satisfait ;
Et cela sans doute est laid,
30 *Que notre fille,*
Si bien faite et si gentille,
De tant d'amoureux l'objet,
N'ait pas à son souhait
Un livre de ballet,
35 *Pour lire le sujet*
Du divertissement qu'on fait,
Et que toute notre famille
Si proprement s'habille,
Pour être placée au sommet
40 *De la salle, où l'on met*

---

1. Dans le propos du Gascon, le *v* est souvent mis pour un *b*, et réciproquement (baille, vous voyez, voir, etc.).

Les gens de Lantriguet :
De tout ceci, franc et net,
Je suis mal satisfait,
Et cela sans doute est laid.

VIEILLE BOURGEOISE BABILLARDE

45   *Il est vrai que c'est une honte,*
Le sang au visage me monte,
Et ce jeteur de vers qui manque au capital[1]
L'entend fort mal ;
C'est un brutal,
50   *Un vrai cheval,*
Franc animal,
De faire si peu de compte
D'une fille qui fait l'ornement principal
Du quartier du Palais-Royal,
55   *Et que ces jours passés un comte*
Fut prendre la première au bal.
Il l'entend mal ;
C'est un brutal,
Un vrai cheval,
60   *Franc animal.*

HOMMES ET FEMMES DU BEL AIR

Ah ! quel bruit !
Quel fracas !
Quel chaos !
Quel mélange !
65 *Quelle confusion !*
Quelle cohue étrange !
Quel désordre !
Quel embarras !
On y sèche.
70   *L'on n'y tient pas.*

GASCON

Bentré ! jé suis à vout.

---

1. **Au capital :** à l'essentiel.

AUTRE GASCON
J'enrage, Diou mé damne !

SUISSE
Ah que ly faire saif dans sty sal de cians !

GASCON

Jé murs.

AUTRE GASCON
75   *Jé perds la tramontane[1].*

SUISSE
Mon foi ! moi le foudrais être hors de dedans.

VIEUX BOURGEOIS BABILLARD
    Allons, ma mie,
    Suivez mes pas,
    Je vous en prie,
80   *Et ne me quittez pas :*
    On fait de nous trop peu de cas,
    Et je suis las
    De ce tracas :
    Tout ce fatras,
85   *Cet embarras*
Me pèse par trop sur les bras.
    S'il me prend jamais envie
    De retourner de ma vie
    À ballet ni comédie,
90   *Je veux bien qu'on m'estropie.*
    Allons, ma mie,
    Suivez mes pas,
    Je vous en prie,
    Et ne me quittez pas ;
95 *On fait de nous trop peu de cas.*

---

1. **Jé perds la tramontane :** je ne sais plus où je suis (avant le vent, la tramontane désigne l'étoile Polaire, qui permet aux marins de connaître leur position).

VIEILLE BOURGEOISE BABILLARDE

> *Allons, mon mignon, mon fils[1],*
> *Regagnons notre logis,*
> *Et sortons de ce taudis,*
> *Où l'on ne peut être assis :*
> *Ils seront bien ébaubis[2]*
> *Quand ils nous verront partis.*

100

> *Trop de confusion règne dans cette salle,*
> *Et j'aimerais mieux être au milieu de la Halle.*
> *Si jamais je reviens à semblable régale[3],*
> *Je veux bien recevoir des soufflets plus de six.*

105

> *Allons, mon mignon, mon fils,*
> *Regagnons notre logis,*
> *Et sortons de ce taudis,*
> *Où l'on ne peut être assis.*

TOUS

110
> *À moi, Monsieur, à moi de grâce, à moi, Monsieur :*
> *Un livre, s'il vous plaît, à votre serviteur.*

SECONDE ENTRÉE

Les trois Importuns dansent.

TROISIÈME ENTRÉE

TROIS ESPAGNOLS *chantent.*

Sé que me muero de amor,	Je sais que je meurs d'amour,
Y solicito el dolor.	Et je recherche cette douleur.

Aun muriendo de querer,	Quoique mourant de désir,
De tan buen ayre adolezco,	Je dépéris de si bon air
Que es mas de lo que padezco	Que ce que je veux souffrir
Lo que quiero padecer,	Est plus que ce que je souffre,
Y no pudiendo exceder	Cette souffrance ne pouvant
A mi deseo el rigor.	Excéder mon désir.

115

---

1. **Mon fils :** terme affectueux adressé à son mari.
2. **Ébaubis :** surpris.
3. **Régale :** repas somptueux offert à quelqu'un.

120 *Sé que me muero de amor,* Je sais que je meurs d'amour
 Y solicito el dolor.   Et je recherche cette douleur.

 Lisonxeame la suerte   Le sort me flatte
 Con piedad tan advertida, Avec une pitié si attentive,
 Que me assegura la vida Qu'il me donne la vie
125 *En el riesgo de la muerte.* Dans le danger de la mort.
 Vivir de su golpe fuerte Vivre de son coup violent
 Es de mi salud primor.   Est le prodige de mon salut.

 Sé que, etc.   Je sais que, etc.

Six Espagnols dansent.

TROIS MUSICIENS ESPAGNOLS

 Ay ! que locura, con tanto Ah ! quelle folie, avec tant
    rigor   [de rigueur
130 *Quexarse de Amor,*   De se plaindre de l'Amour,
 Del niño bonito   De ce charmant enfant
 Que todo es dulçura !   Qui n'est que douceur !
  Ay! que locura !   Ah ! quelle folie !
  Ay ! que locura !   Ah ! quelle folie !

ESPAGNOL, *chantant.*

135 *El dolor solicita*   La douleur tourmente
 El que al dolor se da ;   Celui qui s'abandonne à la douleur ;
 Y nadie de amor muere, Et personne ne meurt d'amour,
 Sino quien no save amar. Hormis celui qui ne sait pas aimer.

DEUX ESPAGNOLS

 Dulce muerte es el amor Douce mort que l'amour
140 *Con correspondencia ygual ;* Quand il est partagé ;
 Y si esta gozamos o,   Et si nous en jouissons aujourd'hui,
 Porque la quieres turbar ? Pourquoi la veux-tu troubler ?

UN ESPAGNOL

 Alegrese enamorado,   Que l'amant se réjouisse,
 Y tome mi parecer ;   Et qu'il suive mon exemple ;
145 *Que en esto de querer,*   Car dans l'amour,
 Todo es hallar el vado.   Le tout est de trouver la manière
          d'aimer.

TOUS TROIS *ensemble.*

Vaya, vaya de fiestas !	Allons, allons, des fêtes !
Vaya de bayle !	Allons, de la danse !
Alegria, alegria, alegria !	Joie, joie, joie !
150 *Que esto de dolor es fantasia.*	Car la douleur n'est qu'une illusion.

QUATRIÈME ENTRÉE
ITALIENS

UNE MUSICIENNE ITALIENNE *fait le premier récit,*
dont voici les paroles :

Di rigori armata il seno,	Ayant armé mon sein de rigueur,
Contro amor mi ribellai ;	Contre l'amour je me révoltai ;
Ma fui vinta in un baleno	Mais je fus vaincue en un clin d'œil
In mirar duo vaghi rai ;	En regardant deux beaux yeux ;
155 *Ahi ! che resiste puoco*	Ah ! qu'un cœur de glace
Cor di gelo a stral di fuoco !	Résiste peu à une flèche de feu !

Ma si caro è'l mio tormento,	Mais mon tourment m'est si cher,
Dolce è sí la piaga mia,	Et ma plaie si douce,
Ch'il penare è'l mio contento,	Que ma souffrance fait mon
	[bonheur,
160 *E'l sanarmi è tirannia.*	Et me guérir serait une tyrannie.
Ahi ! che più giova e piace,	Ah ! plus l'amour est vif,
Quanto amor è più vivace !	Plus il y a de joie et de plaisir !

Après l'air que la Musicienne a chanté, deux Scaramouches,
deux Trivelins et un Arlequin[1] représentent une nuit à la
manière des comédiens italiens, en cadence.

Un Musicien italien se joint à la Musicienne italienne, et
chante avec elle les paroles qui suivent :

LE MUSICIEN ITALIEN

Bel tempo che vola	Le beau temps qui s'envole
Rapisce il contento ;	Ravit le plaisir ;

---

1. Scaramouche, Trivelin et Arlequin sont des personnages de la comédie
italienne.

165 D'Amor nella scola	À l'école de l'Amour
Si coglie il momento.	On cueille l'instant.

LA MUSICIENNE

Insin che florida	Tant que l'âge fleuri
Ride l'età,	Nous sourit,
Che pur tropp' orrida	L'âge qui, trop vite,
170 Da noi sen và.	S'enfuit.

TOUS DEUX

Sù cantiamo,	Chantons,
Sù godiamo	Jouissons
Né bei dì di gioventù :	Dans les beaux jours de la jeunesse :
Perduto ben non si	Un bien perdu ne se retrouve plus.
[racquista più.	

MUSICIEN

175 Pupilla che vaga	Un bel œil
Mill' alme incatena ;	Enchaîne mille cœurs ;
Fà dolce la piaga,	Sa blessure est douce,
Felice la pena.	Le mal qu'il fait est un bonheur.

MUSICIENNE

Ma poiche frigida	Mais quand languit
180 Langue l'età,	L'âge glacé,
Più l'alma rigida	L'âme engourdie
Fiamme non ha.	N'a plus de feu.

TOUS DEUX

Sù cantiamo, etc.	Chantons, etc.

Après le dialogue italien, les Scaramouches et Trivelins dansent une réjouissance.

CINQUIÈME ENTRÉE
FRANÇAIS
PREMIER MENUET

DEUX MUSICIENS POITEVINS
dansent et chantent les paroles qui suivent.
Ah ! qu'il fait beau dans ces bocages !
185 Ah ! que le Ciel donne un beau jour !

Le Bourgeois gentilhomme à la Comédie-Française en 1951.

AUTRE MUSICIEN

Le rossignol, sous ces tendres feuillages,
Chante aux échos son doux retour :

Ce beau séjour,
Ces doux ramages,
190   *Ce beau séjour*
Nous invite à l'amour.

SECOND MENUET

TOUS DEUX *ensemble.*

Vois ma Climène,
Vois sous ce chêne
S'entre-baiser ces oiseaux amoureux ;
195   *Ils n'ont rien dans leurs vœux*
Qui les gêne ;
De leurs doux feux
Leur âme est pleine.
Qu'ils sont heureux !
200   *Nous pouvons tous deux,*
Si tu le veux,
Être comme eux.

Six autres Français viennent après, vêtus galamment à la poitevine, trois en hommes et trois en femmes, accompagnés de huit flûtes et de hautbois, et dansent les menuets.

SIXIÈME ENTRÉE

Tout cela finit par le mélange des trois nations, et les applaudissements en danse et en musique de toute l'assistance, qui chante les deux vers qui suivent :

Quels spectacles charmants, quels plaisirs goûtons-nous !
Les Dieux mêmes, les Dieux n'en ont point de plus doux.

PERSONNAGES

1. M. Jourdain a atteint l'un de ses buts : devenir une personne de qualité. Est-il parfaitement comblé ou désire-t-il quelque chose de plus ?

2. Quel est le nouvel obstacle qui devrait le faire renoncer ? Quelle est la réplique qui montre pourtant qu'il espère encore ?

GENRES

3. Les deux intrigues sont dénouées, et, suivant la tradition de la comédie, on assiste à des mariages. Celui de Dorante et de Dorimène est-il aussi désiré par le public que celui de Cléonte et de Lucile ? Pour quelles raisons ?

4. La pièce se termine de façon heureuse pour tous les personnages, et M. Jourdain n'est pas puni de son obsession par un brutal retour à la réalité. Pouvez-vous citer une pièce de Molière où le héros est châtié pour son vice, et une autre où il ne l'est pas ?

5. Tout finit bien aussi pour Dorante : le fourbe a trahi celui qu'il appelle son ami, puisqu'il obtient la main de Dorimène. Cela vous paraît-il normal ou inattendu, quand on sait que la comédie veut améliorer l'homme en lui montrant que les vices sont toujours punis ?

6. La pièce s'achève par le long Ballet des nations, dans lequel Molière fait intervenir des personnages de conditions sociales et aussi de nationalités différentes. Que peut signifier, selon vous, cette ouverture, en regard du défaut de M. Jourdain, le snobisme ?

GENRES

1. Alors que les premières scènes de la pièce sont assez vraisemblables, tout ce qui concerne les turqueries imaginées par Covielle ressemble à une immense farce, comme si Molière cherchait moins à corriger l'homme qu'à le faire rire avec indulgence de ses défauts. Caractérisez la tonalité de chaque acte et montrez qu'il s'opère une évolution au cours de la pièce.

2. Le Ballet des nations, qui achève le spectacle dans la féerie et l'ivresse générale, traduit de façon symbolique la force et la victoire du rêve sur une réalité parfois un peu terne. Quels points communs voyez-vous entre ce ballet et les intermèdes successifs de la pièce ?

3. *Le Bourgeois gentilhomme* illustre le thème de l'être et du paraître. Montrez que le déguisement est partout dans la pièce. Quels personnages concerne-t-il ? Quelles formes revêt-il ? (Pensez aussi à tout ce qui est dissimulation, mensonge et tromperies.)

PERSONNAGES

4. Nous avons déjà remarqué que M. Jourdain avait des côtés sympathiques, dans sa libéralité (il ne regarde jamais à la dépense) ou dans son enthousiasme à s'instruire. Bien plus, il apparaît finalement comme un personnage qui crée la fête et la fantaisie sur son chemin : c'est lui qui donne vie à sa maison, qui suscite la musique et la danse, la mascarade et la bonne humeur, au point qu'il se montre peut-être plus séduisant que d'autres personnages. En quoi peut-on dire qu'il vaut mieux que ses maîtres dans les deux premiers actes ?

5. Montrez aussi qu'on peut voir en Mme Jourdain et en Nicole un bon sens parfois bien terre à terre qui tend à éteindre la fantaisie du héros.

6. Citer les répliques indiquant que, au terme de la pièce, M. Jourdain n'est pas guéri de son obsession. Pensez-vous qu'il puisse être brutalement détrompé et qu'il puisse retomber dans la réalité, ou qu'il est trop enfoncé dans son rêve pour pouvoir jamais en sortir ? Justifiez votre réponse.

L'UNIVERS
DE L'ŒUVRE

*Dossier documentaire
et pédagogique*

LE TEXTE
ET SES IMAGES

MONSIEUR ET MADAME (P. 2-3)

Tout sépare M. et Mme Jourdain… sauf peut-être la force comique de leurs personnages.

1. Observez le costume de chacun des deux personnages. Quelles informations pouvez-vous en retirer ?

2. Commentez l'expression des comédiens.

RÊVE DE GRANDEUR (P. 4-5)

« Lorsque je hante la noblesse, je fais paraître mon jugement » (M. Jourdain, III, 3).

3. En quoi la posture de M. Jourdain est-elle comique ?

4. Pourquoi, selon vous, a-t-on placé un portrait de Louis XIV en vis-à-vis de cette photo ?

L'ÉLÈVE ET SES MAÎTRES (P. 6-9)

« N'irez-vous point l'un de ces jours au collège vous faire donner le fouet, à votre âge ? » (Mme Jourdain, III, 3, l. 53-54).

5. Sur la photo 5, à quel acteur comique moderne font penser les moustaches de M. Jourdain ? Pourquoi ce rapprochement est-il suggéré par le metteur en scène ?

6. Quel type de danse évoque l'attitude des deux personnages sur la photo 6 ? Pourquoi le metteur en scène a-t-il choisi de s'éloigner de la réalité historique ?

7. M. Jourdain et l'escrime, de l'apprentissage à la mise en pratique (p. 7). Comparez le décor et les costumes de la gravure du XVIII\ :sup:`e` siècle et ceux de la mise en scène moderne.

8. M. Jourdain philosophe (p. 8). Sur quel personnage l'accent comique est-il placé, dans chacune de ces photos ? Selon vous, le maître de philosophie doit-il aussi être un personnage comique ? Pourquoi ?

9. Qu'exprime, sur la photo 11, la mimique du bourgeois ? Quelle réplique prononce-t-il selon vous ? Pourquoi ces gros volumes sont-ils bien visibles à ses pieds ?

COMIQUE ET CYNISME (P. 10-11)

M. Jourdain est enchanté de Dorante, « une personne de cette qualité, qui [l]'appelle son cher ami » (III, 3, l. 51-52).

10. Quel épisode la photo 12 illustre-t-elle ? En quoi le comique de la pièce devient-il un peu plus amer à ce moment ?

11. Sur les photos 13 et 14, Dorante et M. Jourdain se distinguent-ils aisément par leur costume et leur apparence physique ? Pourquoi le metteur en scène a-t-il fait ce choix ?

MAÎTRES ET VALETS (P. 12-13)

Le comique du *Bourgeois gentilhomme* repose aussi sur le contraste des registres.

13. La photo 15 illustre le célèbre fou rire de Nicole découvrant son maître accoutré en gentilhomme (III, 2). À ce moment de la représentation, le spectateur rit-il plutôt *de* M. Jourdain ou *avec* Nicole ? En quoi le rire d'un personnage en scène crée-t-il un comique particulier ?

14. À quelle scène correspond la photo 16 ? À quoi voit-on ici la différence de registre entre les deux disputes ?

FÊTES ET INTERMÈDES (P. 14-15)

Désireux de rompre avec son univers bourgeois, M. Jourdain s'épanouit dans une atmosphère de fête.

15. En vous appuyant sur le sens du terme « chimère », dites ce que signifie, sur la photo 17, la présence de ces grands animaux chevauchés par des hommes.

16. En quoi le choix des costumes contribue-t-il, sur la photo 18, au comique de la scène ?

L'APOTHÉOSE (P. 16)

À la fin de la pièce, alors qu'on l'a berné, M. Jourdain trouve enfin « tout le monde raisonnable »...

17. Que symbolise la présence de M. Jourdain sur un énorme globe terrestre, pour lui et pour le spectateur ?

Le monde du théâtre au temps du *Bourgeois gentilhomme*

LES TROUPES, LES SALLES, LE PUBLIC

Lorsque Molière arrive à Paris, en 1658, il existe trois grandes salles : l'Hôtel de Bourgogne, qui abrite la troupe du roi, le théâtre du Marais, et celui du Petit-Bourbon, occupé par les Comédiens-Italiens : Molière le partagera un temps avec eux, avant de se voir attribuer la salle du Palais-Royal, qu'il inaugure en 1661. Certains de ces théâtres, aménagés dans d'anciens jeux de paume – ancêtres des courts de tennis –, sont fort incommodes pour la représentation. Les salles sont étroites et longues, l'acoustique est déplorable, et l'éclairage sommaire : les chandelles ne permettent de distinguer nettement que le devant de la scène, ce qui oblige les acteurs à jouer devant la rampe. L'espace dans lequel ils évoluent est donc très limité. Certaines salles offrent cependant de meilleures conditions de représentation : celle du Marais, reconstruite après un incendie en 1644, jouit d'une scène de 12 mètres sur 13 et peut accueillir des spectacles à machines, c'est-à-dire à effets spéciaux, où l'on peut voir des mers déchaînées, des divinités volant dans les airs, des éclairs et autres prodiges. Quant à celle du Petit-Bourbon, elle est nettement plus grande que les autres, et possède une scène carrée de 15 mètres et demi de côté.

Le public est très mêlé : nobles, bourgeois, artisans, laquais, étudiants se côtoient lors des représentations. Les spectateurs de marque, les nobles les plus riches, prennent place... sur la scène ! Ils n'hésitent pas à chercher un siège alors que la pièce est déjà commencée, et il arrive qu'on les prenne pour des acteurs. Les autres spectateurs sont fort mal installés : les plus riches et les femmes, dans des galeries latérales qui leur donnent un angle de vue très inconfortable ; les plus modestes, au parterre, c'est-à-dire devant la scène, mais debout. Ce public populaire est particulièrement bruyant et indiscipliné, et les acteurs sont constamment gênés par le bruit de fond, les quolibets ou les bagarres. Malgré cette animation, les salles de théâtre sont considérées, à l'époque de Molière, comme des lieux fréquentables, ce qui n'était pas le cas au début du siècle : Richelieu, au pouvoir entre 1624 et 1642, a beaucoup œuvré pour améliorer les conditions de la vie théâtrale.

LE STATUT DES COMÉDIENS

Les comédiens ont dans l'ensemble une vie difficile. Ils sont souvent mal payés, surtout dans les troupes itinérantes, qui parcourent la province. À Paris, les grandes troupes ont plus de chances d'obtenir la protection d'un grand personnage de la cour et des aides financières, parfois importantes.

L'Église, en revanche, est très hostile aux gens de théâtre, car elle considère leur profession comme immorale. Elle reproche à l'art dramatique d'encourager le spectateur à suivre ses passions (l'amour, la fierté, la vengeance), et aux comédiens de mener une vie dissolue. Ceux-ci ne sont enterrés chrétiennement que s'ils ont renoncé publiquement à leur profession avant de mourir, et certains sont même excommuniés. Molière lui-même sera enterré de nuit, et dans un cimetière où se trouvaient les suicidés et les enfants morts avant le baptême.

LA COMÉDIE

Quand Molière fait découvrir aux Parisiens ses talents d'interprète, mais aussi d'auteur, la comédie a déjà conquis un public. Le genre était moribond au début du siècle, lorsque régnaient à la scène, aux côtés de la tragédie et parfois devant elle, la pastorale et la tragi-comédie, dans les années 1620-1640. Le premier à remettre le genre à la mode fut Pierre Corneille, qui écrivit des comédies entres 1629 et 1636 et obtint un vif succès, notamment avec la première d'entre elles, *Mélite*. Mais le ton de ces pièces était celui d'un aimable divertissement. On y retrouvait avec plaisir les intrigues amoureuses de jeunes Parisiens à la mode, mais on n'y riait guère – à l'exception de *L'Illusion comique* et de son Matamore. Et c'est justement du rire, et de l'Espagne, que vint le renouveau de la comédie. La mode des adaptations des *comedias* espagnoles, pièces romanesques mais aussi comiques pour certaines, déferle sur Paris. Scarron, Thomas Corneille (le cadet de Pierre), d'Ouville, Boisrobert, se mettent à écrire des comédies, avec un grand succès. Les personnages d'extravagants, comme le héros de *Dom Japhet d'Arménie*, de Scarron (1647), les discours comiques, les situations absurdes et les méprises d'identité font le charme bigarré de ces œuvres, que Molière appréciait et qu'il joua beaucoup pour assurer l'alternance avec ses propres créations au cours des saisons théâtrales. Il sut en retirer des idées de situation, de discours, de personnage : témoins la scène de la « galère », empruntée au *Pédant joué*, de Cyrano de Bergerac, pour *Les Fourberies de Scapin* ; le maître libertin et le valet confident repris du *Jodelet duelliste* (1645), de Scarron, pour *Dom Juan* ; ou encore le constant rappel des valets, utilisé par Molière dans *Le Bourgeois gentilhomme* (I, 2), et que l'on trouvait déjà dans trois comédies de Scarron : *Dom Japhet* (1647), *L'Héritier ridicule* (1649) et *Le Marquis ridicule* (1655).

L'œuvre de Molière se nourrit donc de multiples influences : le naturel de l'expression qui fit le succès des comédies de Corneille ; l'art du jeu et du décousu propre aux Italiens ; le comique des contrastes de la *comedia* espagnole, mis à la mode par les auteurs français des années 1640-1660 ; la truculence verbale des comédies en style burlesque*... Toute une culture théâtrale vivante, dans laquelle le dramaturge puise avec discernement, comme ses prédécesseurs qui ne cessaient de se reprendre des sujets, des personnages, des techniques d'écriture. Plus qu'un autre genre, la comédie est une composition hétéroclite, qui se prête à ce jeu de collages, d'influences, de reprises, et Molière exploite avec audace cette diversité d'inspiration. Il y ajoute un talent de composition qui donne à ses pièces une unité, une cohérence qu'avaient rarement celles de ses prédécesseurs ; il sut aussi – et là réside sa différence majeure – conjuguer la plus haute fantaisie comique et la « vérité » d'une peinture du monde : c'est ce qui lui valut la reconnaissance de ses contemporains. Ainsi, La Fontaine s'exclame, après avoir vu *Les Fâcheux* à Vaux-le-Vicomte en 1661 :

> « Et maintenant, il ne faut pas
> Quitter la nature d'un pas. »

LES SPECTACLES DE COUR

Louis XIV aime la danse, les plaisirs et les spectacles. Il offre donc à sa cour, dans les châteaux de Chambord, de Versailles ou de Saint-Germain-en-Laye, des fêtes somptueuses, préparées avec magnificence. Pendant deux ou trois jours, tout doit concourir à son plaisir et à son divertissement : ballets, promenades, jeux, feux d'artifice, représentations théâtrales. Ces réjouissances sont souvent organisées autour d'un thème : pour les fêtes de 1664, intitulées *Les Plaisirs de l'Île enchantée*, pendant lesquelles est créé *Le Tartuffe*, le roi et sa cour participent à une grande mise en scène inspirée de *Roland furieux*, de l'Arioste, poète italien du XVIe siècle. Ils jouent le rôle de chevaliers retenus dans le palais de la magicienne Alcine. Louis XIV aime se mêler aux spectacles, danser et montrer son adresse à différents jeux. Quant aux nobles, ils sont flattés de cette « honnête familiarité » avec leur roi, ainsi que celui-ci l'écrit lui-même.

Pour organiser ces fêtes somptueuses, destinées aussi à célébrer sa gloire, Louis XIV fait appel aux artistes les plus talentueux : Lully, puis Charpentier pour la musique, Beauchamp pour la danse, et Molière pour le théâtre. Celui-ci va inventer puis perfectionner un nouveau genre dramatique, la comédie-ballet (p. 183), spectacle qui s'accorde parfaitement avec l'atmosphère féerique des divertissements royaux, et dans lequel la musique et la danse agrémentent la comédie (p. 197).

Le Bourgeois gentilhomme : divertissement royal et tableau de mœurs

Le Bourgeois gentilhomme est l'une des pièces les plus distrayantes de Molière, et M. Jourdain fait rire depuis trois siècles. Pourtant, la pièce est aussi fortement ancrée dans son époque. Par sa forme d'abord, celle de la comédie-ballet, inventée pour les plaisirs du roi ; par son sujet ensuite, qui renvoie à des questions actuelles du temps de Molière. Car, si le snobisme est atemporel, la pièce s'inscrit dans un contexte politique et social précis, dont elle se fait l'écho. Les folies de M. Jourdain sont celles d'un extravagant, mais elles renvoient aux aspirations de toute une partie de la société au XVIIe siècle.

LA COMÉDIE-BALLET, SPECTACLE DE COUR

La naissance d'un genre

La comédie-ballet est née, presque par hasard, à l'occasion d'un divertissement de cour : en 1661, le surintendant des finances Fouquet offre au roi une grande fête pour inaugurer son château de Vaux-le-Vicomte. Molière crée à cette occasion *Les Fâcheux*, comédie dans laquelle toute une série de personnages importuns et bavards viennent retarder le héros qui brûle de rejoindre sa bien-aimée. On a également prévu d'ajouter au spectacle un ballet, mais les danseurs ne sont pas assez nombreux, et doivent par conséquent assumer plusieurs rôles. Pour leur permettre de changer de costume, on décide alors d'insérer les entrées de ballet entre les différentes scènes de la pièce. Lorsqu'il la publie, Molière explique, dans l'avertissement au lecteur, que tout a été fait à la hâte, et que l'on a simplement « cousu du mieux que l'on [a pu] » les intermèdes[1] dansés à l'intrigue de la comédie. Reste que l'expérience a séduit la cour et surtout le roi, qui fait même à Molière l'honneur de lui suggérer un nouveau personnage pour sa pièce, celui du chasseur. La scène est écrite en vingt-quatre heures, et jouée dès la représentation suivante.

Les commandes royales

À partir de 1664, le roi s'adresse à Molière chaque fois qu'il désire agrémenter une fête royale au moyen d'une pièce de théâtre. Celui-ci, encouragé par le succès des *Fâcheux*, décide de poursuivre l'expérience de la comédie-ballet. Il écrit, entre autres, *L'Amour médecin* pour les fêtes de Versailles en 1665, *George Dandin* pour *le grand divertissement royal de Versailles* de 1668, *Monsieur de Pourceaugnac* et *Le Bourgeois gentilhomme* pour des fêtes données à Chambord en 1669 et 1670.

Les commandes royales interviennent parfois au dernier moment, obligeant les artistes à travailler très rapidement : *L'Amour médecin*, par exemple, est écrit, appris et représenté en cinq jours ! Molière qualifie d'ailleurs la pièce d'« impromptu ». Satisfaire aussi rapidement les exigences du roi est certes difficile, mais c'est aussi, et surtout, un honneur. Molière écrit, dans la dédicace des *Fâcheux* :

> « Ceux qui sont nés en un rang élevé peuvent se proposer l'honneur de servir Votre Majesté dans les grands emplois, mais, pour moi, toute la gloire où je puis aspirer, c'est de la réjouir. […] je crois qu'en quelque façon ce n'est pas être inutile à la France que de contribuer quelque chose[2] au divertissement de son roi. »

Les dépenses occasionnées par la mise en scène des comédies-ballets sont souvent considérables : les nombreux musiciens et

---

1. On peut appeler tous ces passages chantés ou dansés des « intermèdes », même s'ils n'ont pas ce nom dans le texte de Molière.
2. **Quelque chose :** d'une certaine façon.

danseurs sont vêtus de costumes somptueux, et le décor fait parfois appel à une machinerie complexe. Ainsi, pour le dernier intermède de *La Princesse d'Élide*, l'ingénieur italien Vigarini, spécialiste de ce type de décor, fait sortir « de dessous le théâtre la machine d'un grand arbre chargé de seize faunes, dont les huit [jouent] de la flûte, et les autres du violon ». Lorsque Molière monte ensuite une comédie-ballet dans son théâtre du Palais-Royal, il essaie de conserver la magnificence du spectacle de cour, allant même jusqu'à ordonner des travaux pour que le théâtre puisse recevoir le décor et la machinerie. Mais il lui faut parfois renoncer à une partie du ballet, et présenter au public parisien une pièce plus simple que le somptueux divertissement auquel a pu assister la cour. Quant aux spectacles trop onéreux, ils ne sont pas montés au Palais-Royal.

Théâtre et musique : une recherche moderne

Tout au long du XVIIᵉ siècle, les dramaturges français travaillent à l'élaboration d'un spectacle qui mêlerait les beautés du théâtre et celles de la musique. La présence des Comédiens-Italiens, qui jouaient la commedia dell' arte, mais aussi des spectacles en musique dans des mises en scène fastueuses, a orienté en ce sens l'évolution du théâtre français. Un peu avant le milieu du siècle, Mazarin fait venir à Paris des troupes italiennes pour présenter des opéras, dans lesquels se mêlent accents passionnés, intermèdes bouffons et décors impressionnants, avec « machines », qui émerveillent le public. En 1650, Pierre Corneille crée *Andromède*, tragédie en musique pour laquelle il reprend le décor de l'un de ces opéras, *Orfeo*. Puis le théâtre lyrique se développera dans le dernier tiers du siècle, notamment grâce à Thomas Corneille (le jeune frère de Pierre) et à Philippe Quinault. Tous deux collaborent avec Lully, et obtiennent de vifs succès. La recherche de Molière s'inscrit donc dans une réflexion de son temps sur les arts de la scène, tout comme elle se nourrit de la tradition des ballets de cour, vivante tout au long du siècle.

UN SUJET DE CIRCONSTANCE ?

Un Turc à Versailles

Le thème du *Bourgeois gentilhomme* est en partie fourni à Molière par l'actualité politique : depuis 1660, la France a noué des relations plus étroites avec la Turquie, et l'Orient est à la mode, grâce à la publication de nombreux récits de voyage. Cependant, les « turqueries » du *Bourgeois gentilhomme* prennent plus directement leur source dans un incident diplomatique précis : en novembre 1669, Louis XIV reçoit un émissaire du sultan de l'Empire ottoman, nommé Soliman aga. Le roi déploie un faste extraordinaire pour la circonstance, et apparaît lui-même dans un habit d'or éblouissant. Mais Soliman aga semble peu apprécier cet étalage de richesses : il déclare, dit-on, que dans son pays le cheval du sultan est plus richement paré que Louis XIV… L'anecdote est dans toutes les bouches, et le roi, sans doute froissé par l'incident, suggère à Molière de mettre en scène des Turcs dans sa prochaine comédie.

Les « turqueries » de Molière

Afin d'affiner sa caricature, Molière reçoit l'aide du chevalier d'Arvieux, qui a vécu plusieurs années en Turquie, et peut le conseiller sur « les habillements et les manières » du pays. Pour la scène du « mamamouchi », par exemple, il s'inspire des cérémonies de derviches que lui a racontées d'Arvieux.

Cependant, Molière ne cherche pas à faire une peinture exacte des mœurs orientales. Son ambition est avant tout de faire rire : il invente une langue turque des plus fantaisistes, qui amuse par ses sonorités incongrues, suivant un procédé très ancien, déjà utilisé dans les farces du Moyen Âge. Il parodie également les proverbes orientaux, qui font souvent allusion aux éléments naturels : Cléonte, déguisé, salue ainsi M. Jourdain par l'intermédiaire de Covielle :

« CLÉONTE. *Ambousahim oqui boraf, Iordina salamalequi.*
COVIELLE. C'est-à-dire : "Monsieur Jourdain, votre cœur soit toute l'année comme un rosier fleuri." Ce sont façons de parler obligeantes de ces pays-là » (IV, 4).

M. Jourdain, charmé, réutilisera d'ailleurs maladroitement la formule pour saluer Dorimène :

« Madame, je vous souhaite toute l'année votre rosier fleuri » (V, 3).

LE REFLET D'UNE SOCIÉTÉ

Bourgeois et aristocrates : vers un nouveau rapport de forces

En 1670, la noblesse est de loin la plus prestigieuse des classes sociales : elle affiche son ancienneté, sa tradition d'honneur chevaleresque, dicte les modes et se veut cultivée, même si elle ne l'est pas toujours. Elle a cependant beaucoup perdu de sa puissance, car les « gens de qualité » sont souvent ruinés : les gentilshommes de campagne, notamment, sont contraints à des mésalliances, c'est-à-dire des mariages avec des roturiers, pour refaire leur fortune, phénomène dont Molière se fait l'écho dans *George Dandin*. Quant aux courtisans, ils dilapident leurs biens dans la vie fastueuse de Versailles et les jeux d'argent. Dorante est représentatif de ces grands seigneurs sans fortune. En effet, il prétend assister au lever du roi (III, 4) et se permet d'inviter Mme Jourdain et sa fille à un divertissement royal, ce qui prouverait qu'il est un personnage important à la cour ; mais il est aussi suffisamment gêné dans ses finances pour emprunter des sommes considérables à un simple bourgeois. L'image de la noblesse dans la pièce n'est donc pas très flatteuse, puisque Dorante, qui est élégant dans ses manières et son langage, utilise la crédulité et la richesse de celui qu'il appelle son « cher ami » (III, 4). La situation des nobles se résume à ce paradoxe : ils représentent encore une élite sociale, au prestige incontestable, mais leur puissance décroît avec leur fortune, au profit d'une autre classe sociale, la bourgeoisie.

La bourgeoisie est la classe montante de la fin du XVIIe siècle : elle s'enrichit considérablement grâce au développement du commerce, mais aussi par l'achat de nombreux offices. Car l'État, qui a besoin de renflouer ses caisses, vend des charges qu'un bourgeois peut acheter, et qui correspondent souvent à des fonctions publiques – judiciaires, financières ou municipales. Certaines de ces charges permettent à leur titulaire d'être exempté d'un impôt important, la taille, et même d'appartenir à ce que l'on appelle la noblesse de robe. Cette nouvelle catégorie sociale est profondément méprisée par l'ancienne noblesse, dite noblesse d'épée, mais Louis XIV, qui se méfie des nobles de vieille souche et de leur volonté de puissance, favorise l'ascension sociale des bourgeois : il s'assure ainsi leur reconnaissance, et peut compter sur leur appui financier.

L'argent prend donc une importance nouvelle dans le jeu des relations sociales. Le prestige de la noblesse ne suffit plus ; il faut aussi « soutenir son rang », et les soucis financiers commencent à hanter l'aristocratie. La comédie, qui se donne pour fonction de peindre le monde qui l'entoure, ne manque pas d'enregistrer le phénomène. Dans les comédies de Molière qui précèdent *Le Bourgeois*, entre 1640 et 1660 environ, il est sans cesse question d'héritages, mais aussi de procès, par lesquels les personnages espèrent résoudre leurs problèmes financiers. Après Molière, le thème est encore d'actualité. Sur la scène comique, nobles et bourgeois apparaissent préoccupés du maintien ou de l'accroissement de leur fortune, et la question devient centrale dans l'intrigue des pièces. Le ton change également. La relation à l'argent se durcit, les personnages (surtout les nobles) deviennent cyniques, et ne reculent devant aucune indélicatesse pour en escroquer. Ainsi, le héros du *Chevalier à la mode*, de Dancourt (1687), courtise une bourgeoise, Mme Patin, pour lui soutirer de l'argent et s'assurer un train de vie digne de son rang... ce qui lui permet de faire d'autres conquêtes. Quant au vicomte de *L'Homme à bonnes fortunes*, de Regnard (1690), il se fait entretenir sans vergogne par les femmes qu'il courtise, et n'hésite pas à voler une robe de chambre à un aveugle ! Il s'impatiente en outre de ne pas avoir tout ce qu'il a réclamé : « j'ai déjà dit à trois ou quatre femmes que j'avais besoin d'un surtout de toilette ; il y a bien du relâchement dans la galanterie* », déclare-t-il à son valet. On voit que les successeurs du Dorante de Molière n'ont rien à lui envier dans l'indélicatesse...

L'opposition entre les deux classes semble d'ailleurs se durcir, du moins dans la représentation qu'en donne la comédie. Ainsi, dans *Le Chevalier à la mode*, Mme Patin, « veuve d'un honnête artisan qui a gagné deux millions de bien au service du roi », s'indigne d'avoir été toisée par une marquise, laquelle a fait reculer son splendide équipage. Et qui plus est, c'est « du fond d'un vieux carrosse, traîné par deux chevaux étiques, que cette gueuse de marquise [l]'a fait insulter par des laquais tout déguenillés ». Mme Patin a répondu « sur un ton proportionné à [son] équipage » ; mais la marquise l'a renvoyée à son infériorité sociale par un superbe « taisez-vous, bourgeoise » (I, 1).

Dans *Le Bourgeois gentilhomme*, Molière se fait donc l'écho d'un clivage qui est réel ; peut-être livre-t-il aussi sa philosophie sur cette délicate question des conditions sociales. Lui, qui oppose toujours le comportement naturel et spontané aux postures artificielles de tous ceux qui veulent paraître ce qu'ils ne sont pas, est forcément sensible au ridicule de cette bourgeoisie ambitieuse à laquelle appartient M. Jourdain. D'ailleurs, il s'était déjà moqué des prétentions nobiliaires dans *L'École des femmes* en 1662 : Arnolphe s'y faisait appeler « Monsieur de la Souche », s'inspirant « d'un vieux tronc pourri » qui se trouvait dans sa métairie pour « se faire un nom de seigneurie » (I, 1)... Mais les bourgeois ne sont pas la seule cible de Molière : Dorante, qui offre une image bien dégradée de la noblesse, est loin de susciter la sympathie des spectateurs. Et là encore, on peut voir un écho à une idée que le dramaturge avait déjà développée. En effet en 1665, dans *Dom Juan*, le héros s'entendait dire par son père : « la naissance n'est rien où la vertu n'est pas » (IV, 4).

La culture et l'éducation

La culture et l'éducation sont deux problèmes chers à Molière, qu'il aborde notamment dans *Les Précieuses ridicules*, dans *L'École des femmes* et dans l'une de ses dernières pièces, *Les Femmes savantes*. Dans *Le Bourgeois gentilhomme*, la culture joue un rôle essentiel, car c'est elle qui trace une frontière entre nobles et bourgeois, et c'est grâce à elle que M. Jourdain espère se hisser, en apparence du moins, au rang de la noblesse.

À la fin du XVIIᵉ siècle, près de 80 % de la population est analphabète. M. Jourdain n'est certes pas dans ce cas, lui qui sait lire, écrire et compter, comme l'exige son métier. Mais il n'a pas fréquenté le collège, où les adolescents de la noblesse et de la grande bourgeoisie apprennent le latin, l'histoire, les sciences, et surtout la rhétorique, c'est-à-dire l'art de persuader par la maîtrise du discours. Ce sont ces lacunes qu'il tente de combler en engageant des maîtres qui ont charge de lui donner un vernis de culture.

Mais cette culture ne devra surtout pas sentir son pédantisme. Car M. Jourdain veut « avoir de l'esprit, et savoir raisonner des choses parmi les honnêtes gens » (III, 3). Peu lui importerait d'être un savant d'école, un pédant dont nul ne voudrait pour agrémenter une conversation. Ce qu'il veut, c'est pouvoir briller parmi ces « honnêtes gens » dont tout le monde se réclame, nobles et bourgeois. L'« honnête homme » est, au XVIIᵉ siècle, celui qui peut se réclamer d'une certaine culture, d'une curiosité d'esprit, d'une ouverture à autrui, mais qui ne s'enferme pas dans un savoir spécialisé, obscur, rébarbatif (celui du savant, perçu comme pédant). Cette vision d'un savoir aimable, agréable, vient de la culture mondaine de l'époque. Depuis l'Hôtel de Rambouillet, dont les réunions attirent le beau monde des années 1613 à 1650, les salons fleurissent, mêlant aristocrates et bourgeois lettrés. Dans ces lieux, l'enjouement est de règle, et mieux vaut briller que savoir – sans tomber dans l'excès de l'histrionisme ! M. Jourdain n'a donc pas tort de vouloir soudain « avoir de l'esprit » : dans les assemblées de la belle société, l'art de vivre relève d'un long apprentissage mais aussi d'un certain talent, et surtout il doit sembler spontané. Quelques rudiments de culture devraient donc suffire à notre bon bourgeois pour « raisonner des choses parmi les honnêtes gens »... s'il savait en user.

Car l'apprentissage de M. Jourdain est prétexte, non à une peinture de la société « polie » (ce que fait Molière dans *Le Misanthrope*), mais au déploiement du comique le plus savoureux. Notre apprenti gentilhomme se montre en effet peu enthousiaste lorsqu'il s'agit d'acquérir le moindre savoir (II, 4), et sa balourdise aurait de quoi décourager les meilleurs pédagogues. Il se ridiculise notamment lorsqu'il souhaite ajouter une trompette marine au concert du Maître de musique, qu'il veut faire reculer Dorimène pour exécuter la révérence que lui a enseignée le Maître à danser, ou qu'il retient de travers les sentences du Maître de philosophie, déclarant fièrement à sa femme :

« Tout ce qui est prose n'est point vers ; et tout ce qui n'est point vers n'est point prose. Heu ! voilà ce que c'est d'étudier. » (III, 3.)

Car il oublie une valeur essentielle dans le « commerce des honnêtes gens », la bienséance. Il faut toujours se comporter comme il convient, ce qui signifie s'adapter aux circonstances : faire, par exemple, une révérence en deux temps si l'on n'a pas la place pour le troisième, plutôt que de faire reculer la destinataire de cet hommage...

Quant aux maîtres de M. Jourdain, qui possèdent pour leur part un véritable savoir, ils n'échappent pas non plus à la critique. Ils se présentent comme des gens raffinés et amoureux de leur art, mais le vernis craque très vite, et leur rivalité paraît au grand jour, dégénérant même en bagarre de chiffonniers. Le personnage le plus révélateur de ce décalage entre l'être et le paraître est sans doute le Maître de philosophie, qui, après avoir rappelé qu'« un homme sage est au-dessus de toutes les injures » et que « la grande réponse qu'on doit faire aux outrages, c'est la modération et la patience », se jette à son tour sur ses dignes confrères (II, 3)... Derrière cette galerie de personnages comiques se cache peut-être une critique à l'encontre d'une certaine perception du savoir. Les maîtres sont tous détenteurs d'une compétence, d'un savoir spécialisé. Et tous se montrent enfermés dans leur art, persuadés de la supériorité de celui-ci ; incapables, donc, de cette ouverture d'esprit qui ferait d'eux des « honnêtes gens ».

Le Bourgeois gentilhomme reflète donc divers aspects de la société de son temps, mais toujours sur le mode de la dérision ; et si Molière observe ses contemporains d'un œil critique, son but, dans ce divertissement qu'est la comédie-ballet, est moins d'« attaquer les vices de son siècle » (comme il le disait à propos du *Tartuffe*) que de sourire de ses travers et de ses vanités.

FORMES
ET LANGAGES

Le Bourgeois gentilhomme
ou le métier de Molière

Écrite en 1670, à la fin de la carrière de Molière, *Le Bourgeois gentilhomme* est à bien des égards une synthèse de l'art dramatique de son auteur. La « formule » de la grande comédie en cinq actes, conjuguant saveur comique et peinture du monde, est parfaitement maîtrisée ; celle de la comédie-ballet, expérimentée depuis *Les Fâcheux*, apparaît ici dans sa pleine maturité.

LA FANTAISIE DU LANGAGE

La maîtrise dramaturgique de Molière se lit d'abord dans l'utilisation jubilatoire qu'il fait du langage et de ses ressources comiques. Outil essentiel de la vraisemblance d'une comédie, le langage « peint » le personnage, l'anime d'une personnalité fictive : il doit donc ressembler au langage que tiendrait ce personnage dans le réel. Mais il doit aussi en faire une figure comique, ou traduire ses extravagances, s'écarter par conséquent du réel pour accéder à la fantaisie.

Le plaisir des mots

Le jeu sur les mots et l'emploi de jargons amusants appartiennent à l'ancienne tradition de la farce médiévale et de la commedia dell' arte[1]. Scarron avait également cultivé les jeux de langage dans ses comédies, notamment dans *Jodelet ou le Maître valet* (1643), truffé de discours burlesques, et dans *Dom Japhet d'Arménie* (1647). Le héros de cette pièce, qui se prétend descendant de Noé

---

1. La commedia dell' arte est un théâtre populaire italien proche du genre de la farce qui se joue à Paris depuis le XVIᵉ siècle.

et cousin de Charles Quint, aime à éblouir ses interlocuteurs par le récit de ses aventures, le tout dans son « sublime langage » :

« Le Cacique Uriquis et sa fille Azatèque,
L'un et l'autre natifs de Chicuchiquizèque,
Étant venus en Cour pour se dépayser,
L'Empereur mon cousin me força d'épouser
Cette jeune Indienne un peu courte et camarde,
Mais pourtant agréable en son humeur hagarde. » (I, 2)

Molière recourt également à ces jeux d'écriture, dont il apprécie la force comique et l'efficacité immédiate à la scène. C'est le cas pour le turc fantaisiste que parlent Cléonte et Covielle (voir p. 186) ; la traduction de Covielle, qui pastiche* les proverbes orientaux, contribue également à l'effet comique. Dans la cérémonie turque, le procédé est modifié et amplifié : les Turcs et le Mufti s'expriment, en grande partie, dans un idiome parlé dans les ports méditerranéens, la langue franche, composée à la fois « du français, italien, espagnol et autres langues » (dictionnaire de Furetière). Ces invocations cocasses sont très longues, et certains moments en sont chantés et dansés : la fantaisie du langage est ainsi relayée par des chants burlesques (notamment dans la seconde entrée de ballet) et des danses qui rythment la bastonnade infligée à M. Jourdain. On songe aussi au latin de « cuisine » des médecins dans *Le Malade imaginaire*.

À chacun son langage : variations et contrastes

Molière a toujours cherché à faire parler ses personnages de manière naturelle, ce qui permet d'assurer la vraisemblance de la représentation. Il se situe sur ce point dans la lignée de Corneille, qui commença au théâtre par des comédies, et obtint un vif succès, grâce au style « naïf » qu'il prêta à ses personnages – naïf, c'est-à-dire naturel, proche de la conversation des « honnêtes gens ». Dans la préface de *La Veuve*, sa seconde comédie, jouée en 1632, Corneille écrit : « La comédie n'est qu'un portrait de nos actions et de nos discours, et la perfection des portraits consiste en la ressemblance. Sur cette maxime je tâche de ne mettre en la bouche de mes acteurs [personnages] que ce que diraient vraisemblablement en leur place ceux qu'ils représentent, et de les faire discourir en honnêtes gens, et non pas en auteurs. »

Mais Molière va plus loin dans la recherche d'un langage vraisemblable. Le discours de ses personnages varie en effet selon plusieurs données qui permettent de définir ces derniers : classe sociale, caractère, état d'esprit du moment, etc. Ainsi, les discours toujours maîtrisés de Dorante, rompu aux usages du monde, s'opposent à la naïve spontanéité de M. Jourdain, qui contraste elle-même avec le prosaïsme de sa femme et le parler patoisant de Nicole. Le comique du *Bourgeois gentilhomme* se nourrit d'ailleurs souvent de ces plaisants contrastes entre divers niveaux de langue ; c'est le cas lorsque Mme Jourdain répond de façon vive et familière aux propos de Dorante qui se veulent aimables :

« DORANTE. Je pense, Madame Jourdain, que vous avez eu bien des amants dans votre jeune âge, belle et d'agréable humeur comme vous étiez.
MADAME JOURDAIN. Trédame, Monsieur, est-ce que Madame Jourdain est décrépite, et la tête lui grouille-t-elle déjà ? » (III, 5)

Un discours peut aussi, chez Molière, éclairer simultanément plusieurs facettes du personnage, et trahir des distorsions entre ce qu'il affiche et ce qu'il est. Les maîtres de M. Jourdain, par exemple, abandonnent bien vite leur langage policé de gens du monde lorsqu'ils se sentent insultés par un confrère, et la conversation dégénère de manière fort réjouissante pour le spectateur :

« MAÎTRE DE PHILOSOPHIE. […] Je vous trouve tous trois bien impertinents, de parler devant moi avec cette arrogance, et de donner impudemment le nom de science à des choses que l'on ne doit pas même honorer du nom d'art, et qui ne peuvent être comprises que sous le nom de métier misérable de gladiateur, de chanteur et de baladin !
MAÎTRE D'ARMES. Allez, philosophe de chien.
MAÎTRE DE MUSIQUE. Allez, bélître de pédant.
MAÎTRE À DANSER. Allez, cuistre fieffé.

MAÎTRE DE PHILOSOPHIE. Comment ? marauds que vous êtes... » (II, 3.)

Ce gracieux entretien finit d'ailleurs par une mêlée générale, et une cascade d'injures, visiblement plus en adéquation avec la vraie nature des personnages que les aimables propos qu'ils tenaient au début de la scène.

Les ballets de paroles

Molière use régulièrement d'une technique d'écriture théâtrale très particulière, dans laquelle le dialogue se fige en « ballet ». Il s'agit d'une forme fixe, dans laquelle les personnages dialoguent de manière presque mécanique : ils interviennent à tour de rôle, dans un ordre régulier, et pour dire chaque fois la même chose ou presque. La conversation s'organise donc autour d'un schéma qui se répète, traduisant le piétinement de l'échange, et assurant l'effet comique. Voici, par exemple, un ballet de paroles entre M. Jourdain et ses maîtres :

« MAÎTRE DE PHILOSOPHIE. Infâmes ! coquins ! insolents !
MONSIEUR JOURDAIN. Monsieur le philosophe.
MAÎTRE D'ARMES. La peste l'animal !
MONSIEUR JOURDAIN. Messieurs.
MAÎTRE DE PHILOSOPHIE. Impudents !
MONSIEUR JOURDAIN. Monsieur le philosophe.
MAÎTRE À DANSER. Diantre soit de l'âne bâté !
MONSIEUR JOURDAIN. Messieurs.
MAÎTRE DE PHILOSOPHIE. Scélérats !
MONSIEUR JOURDAIN. Monsieur le philosophe. » (II, 3)

Dans ce ballet, le schéma plusieurs fois répété s'organise en quatre temps :

1. Injures du maître de philosophie.
2. « Monsieur le philosophe. »
3. Injures d'un autre maître.
4. « Messieurs. »

Un second ballet de paroles articule deux conversations parallèles, l'une entre Lucile et Cléonte, l'autre entre Nicole et

Covielle. Dans chaque dialogue, le même schéma se répète : la jeune femme tente de s'expliquer, l'amoureux refuse de l'écouter. Mais Molière a eu l'idée de croiser les deux conversations, en faisant intervenir les quatre personnages tour à tour ; chaque explication de Lucile est donc doublée par une explication de Nicole, et chaque refus de Cléonte, par un refus de Covielle :

« LUCILE. Sachez que ce matin…
CLÉONTE. Non, vous dis-je.
NICOLE. Apprends que…
COVIELLE. Non, traîtresse.
LUCILE. Écoutez.
CLÉONTE. Point d'affaire.
NICOLE. Laisse-moi dire.
COVIELLE. Je suis sourd.
LUCILE. Cléonte.
CLÉONTE. Non.
NICOLE. Covielle.
COVIELLE. Point. » (III, 10)

LA COMÉDIE-BALLET ET SES INTERMÈDES

Le Bourgeois gentilhomme est un spectacle total, qui utilise tous les moyens d'expression qu'offre la scène : musique, chant, danse, décors. La fin de chaque acte est ainsi ponctuée par un intermède : danse des élèves du maître à danser à la fin de l'acte I ; danse des garçons tailleurs à l'acte II ; danse des cuisiniers à l'acte III ; chants et danses des Turcs à l'acte IV ; enfin, le Ballet des nations à la fin de la représentation. S'ajoutent à ces intermèdes la chanson de M. Jourdain, qui permet d'introduire une note comique (I, 2), le « dialogue en musique » présenté par le Maître de musique (I, 2), les chansons à boire pendant le dîner (IV, 1) et la cérémonie turque (IV, 5). À l'origine, dans la comédie-ballet (p. 183), les intermèdes n'avaient aucun lien avec l'intrigue de la pièce. Dans *Le Bourgeois gentilhomme*, au contraire, Molière a mêlé au mieux les trois arts : la musique et la danse font partie de la comédie, et elles sont en rapport avec l'intrigue, qu'elles illustrent et amplifient.

Un rôle ornemental

Pourtant, tous les passages dansés ne sont pas très vraisemblables. Lorsque les garçons tailleurs « se réjouissent par une danse » de la générosité de M. Jourdain, on sent bien qu'il s'agit d'un prétexte à danser : il n'est pas très naturel, pour un tailleur, d'exprimer ainsi sa joie, et le ballet arrive sur la scène un peu artificiellement. Quant à l'intermède qui clôt l'acte II, il est encore moins bien intégré à l'intrigue : on peut en effet se demander pourquoi des cuisiniers se mettent à danser avant de dresser une table bien garnie…

Ces quelques invraisemblances montrent que les intermèdes ont aussi un rôle ornemental : le spectateur du XVIIe siècle apprécie la danse et la musique, la beauté des costumes et des décors, et ces passages dansés sont pour lui l'occasion d'un émerveillement. La comédie, qui ne représentait que le ridicule et le grotesque, peut désormais offrir un spectacle dans lequel la beauté est présente. Molière réussit donc, en inventant la comédie-ballet, à élargir les frontières du genre comique.

Une comédie rythmée par ses intermèdes

La musique et la danse n'ont pas seulement un rôle d'ornements : la comédie est rythmée par tous ces intermèdes, qui n'interviennent pas au hasard. Ils marquent souvent la fin d'un acte, donc d'un épisode précis : M. Jourdain et ses maîtres aux actes I et II ; l'arrivée de ses « amis » nobles à l'acte III ; l'épisode turc à l'acte IV.

De plus, comme l'a remarqué Gérard Defaux[1], la musique et la danse accompagnent le mouvement de l'intrigue d'un point de vue scénique. Au premier acte, la scène est peu à peu envahie par des musiciens ou des danseurs : un élève musicien chante en solo, puis arrive un trio, et enfin quatre danseurs. Ensuite, au fil de la pièce, cette progression continue : on voit danser quatre tailleurs, puis six cuisiniers, et la cérémonie turque met en scène une quinzaine d'artistes. Or les personnages de la comédie sont,

---

1. Dans *Molière ou Les Métamorphoses du comique* (1980), Klincksieck, 1992.

eux aussi, de plus en plus nombreux en scène : les maîtres de M. Jourdain sont deux, puis trois, puis quatre, avant que n'arrivent le tailleur et ses quatre apprentis. Ainsi, la comédie et les intermèdes suivent le même mouvement de gradation ; la pièce devient plus spectaculaire et grandiose à mesure que M. Jourdain devient plus extravagant.

UN MONDE TOURBILLONNANT

La joyeuse extravagance de M. Jourdain

Le Bourgeois gentilhomme est une comédie animée par la folie de M. Jourdain, homme sans mesure qui ne possède pas ce « bon goût » qu'aimerait trouver en lui le Maître à danser. Mais cet excès permet au personnage de créer autour de lui un univers quasi féerique, où ses rêves les plus fous deviennent réalité ; dans sa naïveté, M. Jourdain croit aux flatteries de ses différents maîtres, et il s'imagine alors être un homme de goût qui sait apprécier les arts, s'habiller avec élégance, manier admirablement l'épée. En un mot, il est gentilhomme. On a donc affaire à un personnage heureux dans son ignorance de la réalité. De plus, sa position de héros* le place très souvent en scène, et il a le pouvoir de donner le ton, de créer l'atmosphère de fête qui règne dans cette comédie. La folie de ce personnage engendre la bonne humeur, et la pièce demeure une œuvre résolument comique, sans amertume ni gravité.

Personnages sympathiques, personnages antipathiques

Dans une comédie, il existe généralement deux groupes de personnages : celui des ridicules et celui des raisonnables. Le ou les ridicules provoquent le rire des spectateurs, et ne peuvent donc susciter leur compassion : on ne les suit ni dans leurs extravagances ni dans leurs éventuelles difficultés. Dans le clan des raisonnables se trouvent en revanche des personnages qui suscitent l'adhésion affective des spectateurs, voire une forme d'identification. Ce sont en général les jeunes premiers qui occupent cette fonction, et donnent du même coup un enjeu à l'intrigue : le dépassement des obstacles et le mariage. La plupart des comédies de Molière reposent sur ce type de schéma, que l'on retrouve encore dans *Le Bourgeois gentilhomme*. Mais ce qui est original ici, c'est l'assouplissement dudit schéma. En effet, la raison ne s'y confond pas forcément avec la sympathie, et l'extravagance n'y entraîne pas toujours la condamnation du public. Ainsi, M. Jourdain est ridicule, mais il n'est pas antipathique, et le spectateur peut participer avec bienveillance à ses rêves de grandeur. Face à lui, au contraire, Dorante n'est pas ridicule, mais nettement antipathique, puisqu'il profite sans scrupules de la naïveté de son « ami » pour lui extorquer son argent. Quant aux différents maîtres, ils sont plus raisonnables que M. Jourdain, mais cette raison n'est guère honnête, puisqu'ils usent également de flatterie et d'hypocrisie.

Restent certains personnages, pleins de bon sens, qui ne profitent pas de la folie de M. Jourdain, et tentent de le ramener à la raison : Mme Jourdain, par exemple, fait preuve de lucidité, puisqu'elle voit clair dans le jeu de Dorante et veut aider sa fille à épouser Cléonte. Mais c'est aussi une femme sans fantaisie, terre à terre, et peu distinguée : son langage est familier, sinon populaire. En somme, elle n'est pas non plus un personnage sans défaut.

Hormis le couple d'amoureux, dont l'importance est secondaire dans la pièce, on ne rencontre donc aucun personnage qui soit un modèle de raison, d'honnêteté et de raffinement : M. Jourdain est sympathique mais grotesque ; les autres sont lucides, mais quelque peu « rabat-joie » ou profiteurs. Molière, dans les dernières années de sa vie, ne se fait plus beaucoup d'illusions sur la nature humaine, et ne crée plus guère de personnages tout d'une pièce, bons ou mauvais : ils sont un mélange imparfait de qualités et de défauts, comme les hommes dont ils sont le reflet. Ils peuvent même apparaître sous des jours très différents au cours de la pièce : Dorante, hypocrite et malhonnête avec M. Jourdain, se montre en revanche coopératif et bienveillant pour aider Cléonte et Lucile à se marier, bien qu'il n'ait, cette fois, rien à gagner. Dans *Le Bourgeois gentilhomme*, le schéma de la comédie classique s'est sensiblement nuancé.

Le dénouement, triomphe de la fantaisie

Le dénouement d'une comédie marque, d'une manière générale, un retour à l'ordre : les amoureux contrariés peuvent enfin se marier, et le personnage principal, à l'origine de tous les ennuis, est bien souvent puni pour son défaut majeur. Cependant, Molière recourt parfois à des dénouements moins moralisants, comme dans *Le Bourgeois gentilhomme* : bien sûr, tout s'arrange à la fin de la pièce, qui s'achève même par deux mariages, mais M. Jourdain n'a en rien été puni, encore moins guéri, de sa folie des grandeurs nobiliaires. Bien au contraire, c'est lui qui a amené tout son entourage à se plier à sa fantaisie, au moins le temps d'un dénouement. Et c'est ainsi que l'on voit toute la maisonnée jouer la comédie de la noblesse turque, c'est-à-dire entrer dans le monde loufoque et merveilleux du héros. M. Jourdain, berné mais heureux, trouve enfin « tout le monde raisonnable » ! Comme pour beaucoup de techniques théâtrales, on peut trouver des antécédents à cette forme de dénouement. Ainsi, dans *Dom Japhet d'Arménie*, de Scarron (1647), les personnages raisonnables se plient à la folie de Japhet, plutôt que de chercher à le ramener à la raison. Dom Japhet est furieux de ne pouvoir épouser Léonore, qui aime dom Alfonce. Un personnage se fait alors passer pour un messager de Charles Quint, qui lui demanderait d'épouser « l'Infante Ahihua ». Satisfait dans sa folie nobiliaire, le héros de la pièce est alors aussi heureux du dénouement que les jeunes premiers.

Molière a renoncé de la même façon, dans *Le Bourgeois gentilhomme*, au dénouement sanction, qui ramène brutalement un fou à la réalité ; il semble avoir opté pour une nouvelle forme de sagesse, qui constate que le monde est imparfait, mais qui ne cherche pas à corriger l'incorrigible. Autant prendre la folie du bon côté, c'est-à-dire en riant.

ACTES	SCÈNES	PERSONNAGES													SUJET DE LA SCÈNE
		M. Jourdain	Mᵐᵉ Jourdain	Lucile	Nicole	Cléonte	Covielle	Dorante	Dorimène	Maître de musique	Maître à danser	Maître d'armes	Maître de philosophie	Maître tailleur	
ACTE I	1														Deux maîtres préparent le spectacle commandé par M. Jourdain.
	2														Ébauche du spectacle par trois élèves du Maître de musique.
Premier intermède : le Maître à danser et quatre élèves.															Les danseurs présentent à leur tour leur travail.
ACTE II	1														L'apprentissage de la révérence.
	2														La leçon d'escrime. La bataille des maîtres.
	3														La dispute s'envenime.
	4														La leçon de phonétique. Le billet galant.
	5														M. Jourdain essaie son bel habit.
Second intermède : quatre garçons tailleurs.															Les garçons tailleurs se réjouissent des pourboires de M. Jourdain.
ACTE III	1														M. Jourdain s'apprête à sortir.
	2														Fou rire de Nicole à sa vue.
	3														Mᵐᵉ Jourdain blâme son mari.
	4														Dorante fait un nouvel emprunt à M. Jourdain.
	5														Tension entre Dorante et Mᵐᵉ Jourdain.
	6														La « belle marquise » a accepté de venir dîner M. Jourdain.
	7														Mᵐᵉ Jourdain envoie chercher Cléonte, qu'elle pour gendre.
	8														Nicole est fort mal reçue par Cléonte et Covielle.
	9														Cléonte et Covielle se plaignent de leurs maîtresses respectives.

ACTES	SCÈNES	PERSONNAGES													SUJET DE LA SCÈNE
		M. Jourdain	Mᵐᵉ Jourdain	Lucile	Nicole	Cléonte	Covielle	Dorante	Dorimène	Maître de musique	Maître à danser	Maître d'armes	Maître de philosophie	Maître tailleur	
ACTE III (SUITE)	10														Ballet de paroles des quatre jeunes gens.
	11														Cléonte s'apprête à demander la main de Lucile.
	12														M. Jourdain refuse le mariage car Cléonte n'est pas gentilhomme.
	13														Covielle imagine un stratagème.
	14														Arrivée de Dorante et Dorimène pour le dîner.
	15														Dorante demande sa main à Dorimène.
	16														Civilités de M. Jourdain.
Troisième intermède : six cuisiniers.															Danse des six cuisiniers qui dressent ensuite la table.
ACTE IV	1														Dîner et spectacle en l'honneur de Dorimène.
	2														Mᵐᵉ Jourdain fait irruption.
	3														Visite de Covielle déguisé en Turc.
	4														Visite de Cléonte déguisé en « fils du Grand Turc ».
	5														Dorante est mis dans la confidence de la supercherie.
Quatrième intermède : le mufti, quatre dervis, six Turcs dansants…															M. Jourdain devient « Grand Mamamouchi »
ACTE V	1														Mᵐᵉ Jourdain se demande si son mari a perdu l'esprit.
	2														Dorimène dit oui à Dorante.
	3														Dorante félicite M. Jourdain pour son anoblissement.
	4														Voici le « fils du Grand Turc ».
	5														Lucile reconnaît Cléonte, et accepte de l'épouser.
	6														Mᵐᵉ Jourdain reconnaît Cléonte. Tous les mariages ont lieu.
															BALLET DES NATIONS

Jacques Charon (Monsieur Jourdain) et Alain Pralon (Covielle)
dans la mise en scène de Jean-Louis Barrault,
la Comédie-Française aux Tuileries, 1972.

LES THÈMES

L'ARGENT

L'argent est à l'origine du pouvoir de M. Jourdain, pouvoir qu'il utilise avec la naïveté et la démesure qui le caractérisent. Dans son projet amoureux, il le met au service de sa passion pour Dorimène, offrant à celle-ci diamant, souper, spectacle, sans se douter que c'est Dorante qui en tirera profit. Dans son désir d'ascension sociale, l'argent est un moyen de réaliser son rêve : ressembler à un noble. M. Jourdain multiplie les dépenses en habits et en leçons de tout ordre, pensant innocemment qu'il peut acheter la distinction et la culture.

L'argent est également la seule chose qui retienne de nombreux personnages auprès du héros. Les artistes qu'il a engagés trouvent un intérêt purement financier à la situation ; comme le souligne le Maître de musique dans la scène d'exposition : « son argent redresse les jugements de son esprit ». S'il n'y a rien de malhonnête en cela, il en va différemment des rapports entre Dorante et M. Jourdain : l'argent crée entre eux les liens les plus malsains, puisqu'il fait du bon bourgeois la dupe d'un personnage peu scrupuleux, comme le montre la scène 4 de l'acte III, consacrée aux comptes des deux « amis ».

Face à cet entourage intéressé, le personnage de M. Jourdain reste sympathique, car il se montre libéral et n'aime pas l'argent pour lui-même ; il n'a pas la mesquinerie d'Argan dans *Le Malade imaginaire*, ou d'Harpagon dans *L'Avare*.

EXTRAVAGANCE

La comédie du XVIIᵉ siècle a beaucoup exploité le motif de l'extravagance. De la folie passagère d'Éraste, dans *Mélite*, de Corneille (1629), on passe très vite à des portraits de personnages singuliers, dont le comportement tient moins de la pathologie que de la marotte. Desmarets de Saint-Sorlin bâtit sa comédie des

Visionnaires (1637) sur un défilé d'extravagants, tous rivés à une idée fixe : amour du théâtre ou du conquérant Alexandre, richesse imaginaire… Molière se souviendra surtout d'Hespérie, « qui croit que chacun l'aime », qui lui inspirera le personnage de Bélise pour *Les Femmes savantes* (1672). Ensuite, les auteurs de comédie « à l'espagnole » choisissent d'exploiter une figure centrale, un « héros » dont les ridicules et les folies feront l'intérêt majeur, sinon de l'intrigue, du moins du spectacle comique. La comédie commence alors à se construire autour d'un personnage, érigé en pivot comique, et abandonne progressivement les jeux d'intrigue compliqués, dans lesquels chaque personnage était équivalent. Japhet et dom Blaize dans *Dom Japhet d'Arménie* (1647) et *Le Marquis ridicule* (1655), de Scarron, dom Bertrand dans *Dom Bertrand de Cigarral*, de Thomas Corneille (1651), le héros éponyme du *Campagnard*, de Gillet de La Tessonnerie (1656), préfigurent ainsi les grands monomaniaques de Molière : Arnolphe dans *Les Femmes savantes* (1662), Orgon dans *Le Tartuffe* (1664-1669), Argan dans *Le Malade imaginaire* (1673), et bien sûr M. Jourdain.

LA FLATTERIE ET L'HYPOCRISIE

Molière a souvent abordé, au cours de sa carrière, le thème de l'hypocrisie, s'attaquant même en 1664, avec *Le Tartuffe*, à l'hypocrisie religieuse.

Dans *Le Bourgeois gentilhomme*, les hypocrites, particulièrement nombreux, sont plus précisément des flatteurs : le Maître de musique et le Maître à danser se répandent en compliments sur le nouvel habit de M. Jourdain, puis sur sa façon de chanter et ses goûts musicaux (I, 2) ; Dorante, pour sa part, fait mine de trouver son élégance digne de la cour (« Vous avez tout à fait bon air avec cet habit, et nous n'avons point de jeunes gens à la cour qui soient mieux faits que vous », III, 4) ; Cléonte et Covielle, enfin, flattent M. Jourdain en le prétendant noble, puis en le faisant « Mamamouchi ».

Tous sont, bien sûr, guidés par leur intérêt, et flattent la manie de M. Jourdain pour en tirer profit, mais leur attitude est plus ou moins condamnable selon les cas. Ainsi, Cléonte et Covielle ne cherchent pas à exploiter le bourgeois : leur stratagème est le seul moyen de l'empêcher de nuire à toute sa famille ; l'intention est bonne, et l'atmosphère reste joyeuse. Quant aux deux maîtres (I, 2), ils tâchent simplement de rester dans les bonnes grâces de leur « employeur », et leurs flatteries produisent avant tout un effet comique. En revanche, Dorante trahit à proprement parler celui qu'il appelle son « cher ami », et, lorsqu'il paraît, l'atmosphère de la comédie est beaucoup plus tendue.

LA GALANTERIE ET SES LANGAGES

Le thème de la séduction revient fréquemment dans *Le Bourgeois gentilhomme*, car de nombreux personnages de la pièce cherchent à séduire, ou sont eux-mêmes séduits. C'est tout d'abord, naturellement, le cas des jeunes amoureux Lucile et Cléonte, personnages traditionnels de la comédie. C'est ensuite celui du couple des valets, Nicole et Covielle, qui leur fait écho. C'est enfin celui des « gens de qualité », que sont Dorante et Dorimène, qui complète le tableau. Quant à M. Jourdain, il ne rêve qu'au moyen de séduire Dorimène.

Tous ces amants emploient le langage de la galanterie, mais chacun à sa manière. Si le dialogue amoureux de Dorante et Dorimène est presque inexistant, celui de Lucile et Cléonte permet les effets comiques d'une scène de dépit amoureux ; celui de Nicole et Covielle est une imitation burlesque* du discours des maîtres. M. Jourdain, enfin, manie fort mal le langage de la galanterie, et s'empêtre dans le compliment qu'il veut faire à Dorimène (III, 19). Là encore, il cherche à imiter un usage qu'il ne maîtrise pas.

Molière raille également le caractère figé de ce langage, qui fait toujours appel aux mêmes images : la froideur et la cruauté de la dame, le feu dévorant le cœur de l'amoureux, etc. La réaction du Maître de philosophie, lorsque M. Jourdain lui demande de l'aide pour écrire un billet galant, en témoigne :

> « MONSIEUR JOURDAIN. [...] je voudrais que cela fût mis d'une manière galante, que ce fût tourné gentiment.
> MAÎTRE DE PHILOSOPHIE. Mettre que les feux de ses yeux réduisent votre cœur en cendres ; que vous souffrez nuit et jour pour elle les violences d'un... » (II, 4)

Molière prend donc ses distances par rapport aux formes caricaturales de ce langage mondain.

MAÎTRES ET VALETS

Le rapport entre maîtres et valets a été constamment exploité dans la comédie du XVIIᵉ siècle. Ce duo est en effet très intéressant d'un point de vue dramaturgique, car il permet de nombreux effets comiques, mais aussi symboliques. La relation maître-valet s'établit soit sur le mode du contraste, soit sur celui du parallèle, ce qui suppose une identification du valet à son maître. La *comedia* espagnole joue beaucoup du premier type de relation. De nombreuses pièces opposent le panache des maîtres à la balourdise des valets, et tirent leurs effets comiques d'une situation d'inversion burlesque : le valet se déguise en maître pour les besoins de l'intrigue, et sa grossièreté transparaît naturellement, dissonant avec le costume. Ces *comedias* sont fréquemment adaptées par les prédécesseurs de Molière entre 1640 et 1660, dans des pièces dites « à l'espagnole » qui connaissent un grand succès. Le duo maître-valet est ainsi popularisé, notamment par Scarron (dans *Jodelet ou le Maître valet* en 1643 et *L'Héritier ridicule* en 1649) et Thomas Corneille (dans *Le Geôlier de soi-même* en 1655). Molière exploite plutôt le second type de rapport entre maître et valet : celui de l'identification du second au premier, ce qui permet des jeux de parallèle à la fois comiques et signifiants, comme dans *Dom Juan*, où Sganarelle s'enorgueillit de servir un maître fascinant, dont les audaces l'indignent toutefois. Dans *Le Bourgeois gentilhomme*, le couple maître-valet est moins chargé de sens ; il est seulement utilisé pour son comique plaisant, comme une recette éprouvée. Une recette que Molière tire aussi de la tradition italienne, dans laquelle le valet peut être particulièrement rusé, intrigant et meneur de jeu : il diffère alors sensiblement du *gracioso* de la scène espagnole, avant tout goinfre et balourd. Bien des jeunes gens des comédies de Molière sont ainsi flanqués d'un valet complice, qui tente de sauver leurs amours menacées par la volonté d'un père. Citons Mascarille, qui a bien du mal à empêcher son maître de ruiner innocemment ses stratagèmes (*L'Étourdi*, 1655, inspiré d'une comédie italienne et de *L'Amant indiscret ou le Maître étourdi* de Quinault, 1654) ; ou le célèbre Scapin, qui œuvre pour les amours de Léandre (*Les Fourberies de Scapin*, 1671). Le rôle de Covielle s'apparente à cette tradition, puisque c'est lui qui a l'idée de la mascarade à la turque, et sauve ainsi les amours de Cléonte et Lucile. Toutefois, Molière se souvient aussi de l'efficacité du contraste burlesque entre maître et valet. Ainsi, la scène 9 de l'acte III repose sur un parallèle burlesque, entre les récriminations amoureuses de Cléonte, dans un style relativement soutenu, et celles de Covielle, sur un registre beaucoup plus prosaïque.

Le personnage de Nicole prend place, quant à lui, dans la galerie des soubrettes de Molière, protectrices des amoureux et doubles efficaces de leur maîtresse. Nicole représente ici la voix du bon sens, de la même manière que Dorine dans *Le Tartuffe* (1664-1669). Mais la saveur de ses apparitions tient surtout au contraste entre ce bon sens et les folies de son maître, contraste amplifié par l'opposition des langages : M. Jourdain fait des efforts de distinction, tandis que Nicole exprime sa désapprobation dans un langage populaire plein de verve. Son célèbre fou rire, au début de l'acte III, apporte une réponse impertinente et sans appel au rêve nobiliaire de son maître ; il est aussi représentatif du ton de la comédie-ballet, qui porte sur les folies du monde un regard sans concession, mais sans amertume.

DU SNOBISME AU GROTESQUE

M. Jourdain est ce que l'on appelle aujourd'hui un snob, c'est-à-dire « une personne qui cherche à être assimilée aux gens distingués de la haute société, en faisant étalage des manières, des goûts, des modes qu'elle lui emprunte sans discernement » (dictionnaire *Le Robert*).

Les manifestations du snobisme de M. Jourdain sont nombreuses, et correspondent parfaitement à cette définition. Celui-ci cherche ainsi à imiter les manières distinguées des nobles et même leur mode de vie dans son ensemble : d'une part, il engage des maîtres chargés de lui enseigner la musique, la danse, le maniement de l'épée et les rudiments de la culture, en un mot, tout ce que doit savoir un gentilhomme ; d'autre part, il fait siennes certaines habitudes de l'aristocratie, comme le repas agrémenté d'un concert qu'il offre à Dorimène. Enfin, M. Jourdain porte une extrême attention à son habillement, qui doit comporter tous les signes extérieurs de la noblesse. Il adopte donc le tissu nommé « indienne », les bas de soie, la rhingrave, le pourpoint, et les fleurs « en enbas » (II, 5) : ce sont là les dernières modes lancées par la cour, en principe réservées aux nobles, les bourgeois portant traditionnellement un costume sombre très simple.

Le snobisme de M. Jourdain est à la source de son ridicule et du comique de la pièce, car c'est un snobisme maladroit. Notre héros ne possède aucun sens de la mesure, et imite tous les usages nobles avec excès : il dépense sans compter, croyant pouvoir acheter un raffinement qui est le fruit de toute une éducation, et surtout, il est obnubilé par son désir de noblesse, qui devient une obsession. L'expression « gens de qualité » revient dans sa bouche comme un leitmotiv* comique :

« [...] je me fais habiller aujourd'hui comme les gens de qualité [...] » (I, 2)

« Est-ce que les gens de qualité apprennent aussi la musique ? » (I, 2)

« Est-ce que les gens de qualité en ont [des concerts] ? » (II, 1)

« Voilà ce que c'est de se mettre en personne de qualité. » (II, 5)
« Les personnes de qualité portent les fleurs en enbas ? » (II, 5).

De plus, il apparaît comme fort maladroit dans toutes ses tentatives : il se montre un élève peu doué, sa tenue provoque le fou rire de Nicole (III, 2), et le compliment qu'il adresse à Dorimène est pour le moins confus (III, 19). Il est en outre exigeant et impatient, refusant d'apprendre la logique parce qu'elle « ne [lui] revient pas », la morale, parce qu'il veut « [se] mettre en colère tout [son] soûl », et la physique, parce qu'il y a « trop de tintamarre là-dedans, trop de brouillamini » (II, 4)… Le décalage entre son désir de raffinement et sa balourdise fait donc de son snobisme une source constante de comique.

LE TRAVESTISSEMENT ET LE JEU

On se déguise beaucoup dans *Le Bourgeois gentilhomme*, comme dans la plupart des pièces de la tradition comique, y compris les farces du Moyen Âge. M. Jourdain le fait tout au long de la pièce, sans s'en rendre compte : lorsqu'il décide de porter des bas de soie et des fleurs « en enbas », ou même lorsqu'il apprend la musique, la danse et l'escrime, il se déguise en noble. Le tout avec beaucoup de maladresse et bien peu de goût, ce qui provoque le fou rire de Nicole (III, 2) et les moqueries de sa femme, quand il revêt sa tenue d'escrimeur :

« Ah ! ah ! voici une nouvelle histoire. Qu'est-ce que c'est donc, mon mari, que cet équipage-là ? Vous moquez-vous du monde de vous être fait enharnacher de la sorte ? et avez-vous envie qu'on se raille partout de vous ? » (III, 3)

Même résultat quand il paraît dans son habit de Mamamouchi, que son épouse prend pour un déguisement de carnaval :

« Ah ! mon Dieu ! miséricorde ! Qu'est-ce que c'est donc que cela ? Quelle figure ! Est-ce un momon que vous allez porter ; et est-il temps d'aller en masque ? Parlez donc, qu'est-ce que c'est que ceci ? Qui vous a fagoté comme cela ? » (V, 1)

Les autres personnages se travestissent également : dans un premier temps, Covielle et Cléonte, dans l'épisode de la « turquerie » pour abuser M. Jourdain ; puis, dans un second temps, le jeu s'élargit et toute la famille y prend le plus grand plaisir, ce qui confère d'ailleurs à la fin de la pièce une atmosphère de fête. On peut ainsi parler de « théâtre dans le théâtre », car une petite comédie (la mascarade) est donnée au sein de la comédie (l'intrigue de la pièce).

Bourgeois et aristocrates

SCARRON, *DOM JAPHET D'ARMÉNIE*, 1647

Une noblesse imaginaire

Scarron, connu pour Roman comique *et pour son talent dans le style burlesque, est aussi l'un des meilleurs prédécesseurs de Molière. Dans Dom Japhet d'Arménie, comédie « à l'espagnole » qu'il adapte de Castillo Solórzano, il place au centre de la pièce un personnage extravagant qui, comme plus tard M. Jourdain, est fasciné par le prestige de l'aristocratie. Mais sa folie est plus grande puisqu'il semble, lui, croire à ses rêves nobiliaires. Il se prétend donc descendant de Noé et cousin de Charles Quint, et n'entend adresser la parole qu'à des aristocrates dignes de sa haute lignée. À la scène 2 du premier acte, Japhet, nouvellement arrivé dans le bourg d'Orgas, se présente au bailli[1] du village.*

« **DOM JAPHET**
                    Bailli, votre fortune est grande,
Puisque vous m'avez plu.

LE BAILLI
                    Le bon Dieu vous le rende !

DOM JAPHET
Peut-être ignorez-vous encore qui je suis.
Je veux vous l'expliquer autant que je le puis,
Car la chose n'est pas fort aisée à comprendre.
Du bon père Noé j'ai l'honneur de descendre,
Noé qui sur les eaux fit flotter sa maison
Quand tout le genre humain but plus que de raison.

---

1. **Bailli :** officier royal chargé d'administrer un village.

Vous voyez qu'il n'est rien de plus net que ma race,
Et qu'un cristal auprès[1] paraîtrait plein de crasse ;
C'est de son second fils que je suis dérivé ;
Son sang de père en fils jusqu'à moi conservé
Me rend en ce bas monde à moi seul comparable.
L'empereur Charles Quint[2], ce héros redoutable,
Mon cousin au deuxmillehuitantième degré,
Trouvant avec raison mon esprit à son gré,
M'a promené longtemps par les villes d'Espagne,
Et depuis m'a prié de quitter la campagne,
Parce que deux soleils en un lieu trop étroit
Rendaient trop excessif le contraire du froid[3].
Charles Quint et Japhet.
La façon de parler est obscure au village.
Entendez-vous[4], Bailli, mon sublime langage ?

LE BAILLI

Monsieur, je n'entends pas la langue de la Cour.

DOM JAPHET

Vous ne m'entendez pas ? Je vous aime autant sourd,
Car assez rarement mon discours j'humanise[5] ;
Mais pour vous aujourd'hui je démétaphorise[6]
(Démétaphoriser, c'est parler bassement) ;
Si mon discours pour vous n'est que de l'Allemand,
Vous aurez avec moi disette de loquelle[7]. »

Paul SCARRON, *Dom Japhet d'Arménie*, I, 2, création 1647.

---

1. **Auprès** d'elle (ma race).
2. **Charles Quint** [1500-1558] : roi d'Espagne de 1516 à 1556 et empereur du Saint Empire romain germanique de 1519 à 1556.
3. Périphrase burlesque pour désigner la chaleur que dégagent simultané-ment les « deux soleils » : p. 234.
4. **Entendez-vous** : comprenez-vous.
5. **Mon discours j'humanise** : je le rends accessible.
6. **Je démétaphorise** : je renonce aux métaphores.
7. **Disette de loquelle** : des conversations limitées.

1. Quels sont les signes de l'extravagance de dom Japhet ?

2. Étudiez le langage de dom Japhet. De quel personnage du *Bourgeois gentilhomme* pouvez-vous le rapprocher ?

DANCOURT, *LE CHEVALIER À LA MODE*, 1687

Le « petit-maître » ou la décadence de la noblesse

Dancourt présente dans Le Chevalier à la mode *un personnage très utilisé dans la comédie de la fin du XVII*ᵉ *siècle : le « petit-maître », homme d'épée qui passe l'été en campagnes militaires et revient à Paris pendant les « quartiers d'hiver ». Il profite alors de son séjour pour accumuler les « bonnes fortunes », aventures galantes dans lesquelles il trouve toute sorte d'intérêt, notamment pécuniaire. On est loin de l'idéal galant et du code de l'honneur, en principe cher aux aristocrates : le petit-maître offre une image dégradée de la noblesse, laquelle se résume désormais au prestige d'un nom. Visiblement désargenté, le chevalier de Dancourt sait fort bien remédier à la situation, en courtisant une riche bourgeoise qui lui assure un train de vie fort honorable, tout en ménageant une vieille baronne qui, si elle gagne son procès, sera encore plus riche – devenant alors un parti plus intéressant. Celle-ci fait justement irruption chez Mme Patin de façon inopportune…*

« LA BARONNE

[…] Ah ! ah !… Monsieur le chevalier… que faites-vous ici ?

LE CHEVALIER

Mais vous, Madame, par quelle aventure…

MADAME PATIN, *à Lisette*

Le chevalier connaît la baronne !

LA BARONNE

Je venais ici, Madame, pour solliciter encore vos recommandations pour mon procès[1] ; mais je ne m'attendais pas d'y trouver Monsieur le chevalier. Qu'y vient-il faire, Madame ?

---

1. Mme Patin, veuve d'un riche financier, a des relations dans les milieux judiciaires, également tenus par des bourgeois, parfois récemment anoblis.

Madame Patin, *bas, à Lisette*

Elle y prend un grand intérêt. *(Haut)* Madame, je ne sais…

Le chevalier, *à madame Patin*

Ah ! Madame, regardez, je vous prie, les affaires de Madame la baronne comme les miennes propres, vous ne me sauriez faire plus de plaisir. *(À la baronne)* Vous voyez comme je m'intéresse pour vous, Madame.

Madame Patin, *bas*

Voilà un embrouillamini où je ne comprends rien.

La baronne, *bas*

Qu'est-ce que tout cela veut dire ?

Madame Patin

En vérité, Madame, je ne comprends point d'où vient votre curiosité de Monsieur le chevalier, ni par quel motif…

La baronne

Comment, Madame, par quel motif ?

Le chevalier, *à la baronne*

Eh ! Madame, de grâce *(à Madame Patin)* que tout ceci ne vous étonne point. Madame est une personne de qualité (c'est ma cousine germaine), qui m'estime cent fois plus que je ne mérite (je suis son héritier) ; elle a pour moi quelque bonté. (Ne parlez pas de notre mariage.) J'en ai toute la reconnaissance imaginable. (Elle y mettrait obstacle.) Et comme elle a de certaines vues pour mon établissement[1] et pour ma fortune, elle craint que je ne prenne des mesures contraires aux siennes.

La baronne

Oui, Madame, voilà pour quel motif.

Madame Patin

Je vous demande pardon, Madame.

La baronne

Vous vous moquez[2], Madame. Mais dites-moi seulement, je vous prie, quel commerce[3] Monsieur le chevalier…

---

1. C'est-à-dire des ambitions pour mon mariage.
2. Formule de politesse, équivalant ici à « je vous en prie ».
3. **Commerce :** relations.

MADAME PATIN

Commerce, Madame ! Qu'est-ce que cela veut dire, commerce ?

LE CHEVALIER

Comment, Madame la baronne ? Ignorez-vous que la maison de Madame est le rendez-vous de tout ce qu'il y a d'illustre à Paris ? (C'est une ridicule.) Que pour être en réputation dans le monde[1], il faut être connu d'elle ? (Ne lui dites rien de notre dessein.) Que sa bienveillance pour moi est ce qui fait tout mon mérite ? (C'est une babillarde qui le dirait[2].) Et qu'enfin je fais tout mon bonheur de lui plaire, et que c'est cela qui m'amène ici ?

MADAME PATIN

Oui, Madame, voilà tout le commerce que nous avons ensemble.

LA BARONNE

Pardonnez-moi, Madame.

LE CHEVALIER

Eh ! de grâce ! Mesdames, n'entrez point dans des éclaircissements[3] qui ne sont bons à rien. Soyez amies pour l'amour de moi, je vous en conjure ; et que celle de vous deux qui m'estime le plus embrasse l'autre la première.

(La baronne et Madame Patin courent s'embrasser avec empressement). »

Florent CARTON, sieur de DANCOURT,
Le Chevalier à la mode, II, 8.

QUESTIONS

1. À quel personnage du *Bourgeois gentilhomme* le Chevalier vous fait-il penser ? Quelles sont leurs ressemblances et leurs différences ?

2. Qu'est-ce qui, dans cette scène, pourrait avoir inspiré Molière pour *Le Bourgeois gentilhomme* ?

3. Comparez cette scène à la scène 4 de l'acte II de *Dom Juan*, de Molière.

---

1. **Le monde :** la société mondaine.
2. Ce ne sont que des fadaises.
3. **Des éclaircissements :** des explications.

MARIVAUX, *LE PAYSAN PARVENU*, 1735

Autre roturier, autre comportement

Le Paysan parvenu, *roman de Marivaux, retrace la vie et l'ascension sociale d'un simple paysan qui accède à tous les honneurs sans jamais renier ses origines sociales. Cette œuvre se présente comme des Mémoires, et commence par ces mots :*

« Le titre que je donne à mes Mémoires annonce ma naissance[1] ; je ne l'ai jamais dissimulée à qui me l'a demandée, et il me semble qu'en tout temps Dieu ait récompensé ma franchise là-dessus ; car je n'ai pas remarqué qu'en aucune occasion on ait eu moins d'égard et moins d'estime pour moi.

J'ai pourtant vu nombre de sots qui n'avaient et ne connaissaient point d'autre mérite dans le monde que celui d'être nés nobles, ou dans un rang distingué. Je les entendais mépriser beaucoup de gens qui valaient mieux qu'eux, et cela seulement parce qu'ils n'étaient pas gentilshommes ; mais c'est que ces gens qu'ils méprisaient, respectables d'ailleurs par mille bonnes qualités, avaient la faiblesse de rougir eux-mêmes de leur naissance, de la cacher, et de tâcher de s'en donner une qui embrouillât[2] la véritable, et qui les mît à couvert du dédain du monde[3].

Or, cet artifice-là[4] ne réussit presque jamais ; on a beau déguiser la vérité là-dessus, elle se venge tôt ou tard des mensonges dont on a voulu la couvrir ; et l'on est toujours trahi par une infinité d'événements qu'on ne saurait ni parer, ni prévoir ; jamais je ne vis, en pareille matière, de vanité qui fît une bonne fin[5].

C'est une erreur, au reste, de penser qu'une obscure naissance vous avilisse, quand c'est vous-même qui l'avouez, et que c'est de vous qu'on la sait. La malignité[6] des hommes vous laisse là ;

---

1. **Ma naissance** : mon origine sociale.
2. **Qui embrouillât** : qui dissimulât.
3. **À couvert du dédain du monde** : à l'abri du mépris de la société.
4. **Artifice** : tromperie.
5. **Qui fît une bonne fin** : qui réussît, qui fût couronné de succès.
6. **Malignité** : méchanceté.

vous la frustrez de ses droits ; elle ne voulait que vous humilier, et vous faites sa charge[1] ; vous vous humiliez vous-même, elle ne sait plus que dire. »

Pierre CARLET DE CHAMBLAIN DE MARIVAUX,
Le Paysan parvenu.

QUESTIONS

1. Quels sont les arguments avancés par le narrateur pour prouver qu'il vaut mieux ne pas cacher ses origines sociales ?

2. Selon le narrateur, lorsqu'on ment sur ses origines, « on est toujours trahi par une infinité d'événements qu'on ne saurait ni parer, ni prévoir ». À quels moments de la pièce ce genre de mésaventure arrive-t-il à M. Jourdain ?

3. Quel est le personnage du *Bourgeois gentilhomme* qui adopte l'attitude recommandée par le narrateur du *Paysan parvenu* ? Est-il, lui aussi, récompensé de sa franchise ? Molière vous semble-t-il confiant en l'intelligence et en la bonté des hommes ?

QUESTIONS D'ENSEMBLE

1. Étudiez la représentation de l'aristocratie dans ces textes.

2. Doit-on considérer ces textes comme des fantaisies comiques ou comme des critiques amères de la société ?

---

1. **Vous faites sa charge :** vous le faites à sa place.

La leçon à travers les genres

D'OUVILLE, *LA COIFFEUSE À LA MODE*, 1642-1647.

Leçon de poésie galante

D'Ouville, contemporain de Scarron et de Thomas Corneille, le jeune frère de Pierre, a contribué comme eux à la renaissance de la comédie au XVIIe siècle, ouvrant la voie à Molière. Dans La Coiffeuse à la mode, *le personnage d'Arimant se trouve dans une situation originale : la belle Flore, dont il est épris, n'accepte de le voir que s'il ne lui parle pas d'amour. Il est donc contraint de lui envoyer des poèmes anonymes, que la belle reçoit aussi mal que ceux qui lui viennent d'autres admirateurs. Mais surtout, elle se montre si peu sensible aux charmes de la poésie galante qu'Arimant doit se livrer à une véritable explication de texte.*

« FLORE

Est-il homme ici-bas
Qui nous puisse parler, et ne nous mentir pas ?

ARIMANT

Vous concevez à tort, Madame, cette croyance.

FLORE

Si pas un en parlant ne nous dit ce qu'il pense,
Cette preuve suffit : ces lettres en font foi.
Regardez ces poulets[1] qui s'adressent à moi,
Que je viens de trouver par hasard sur ma table,
Qui me parlent d'amour. Ha, c'est chose admirable,
Je les ai voulu voir par curiosité,
Et n'ai pas lu dedans un mot de vérité.

ARIMANT

Un mot de vérité ?

FLORE

Voulez-vous pas me croire ?
Les voilà, lisez-les.

---

1. **Poulets :** billets galants, mots doux.

ARIMANT, *bas.*
Je veux avoir la gloire
De la vaincre par là. Voyons quels sont ici
Ces mensonges si grands : le premier dit ainsi.

Il lit.
Depuis le premier jour que j'eus cet avantage,
D'admirer les attraits d'un si parfait visage,
J'ai senti les effets d'un violent trépas.

FLORE
Arrêtez Arimant, tout beau[1], n'achevez pas.
Cet amant a menti, car aurait-il envie
D'adorer mes beautés s'il n'était plus en vie ?
Fut-il jamais au monde un plus sot entretien[2] ?
Pourrait-il étant mort sentir ni mal ni bien ?

ARIMANT
On appelle une mort les peines qu'on endure
Pour un objet charmant[3].

FLORE
Une mort en peinture[4],
S'il dit plus qu'il ne souffre, est-il pas vrai qu'il ment ?
[...]
Lisez l'autre, Arimant.

ARIMANT *lit.*
Le soleil de vos yeux.

FLORE
Que veut dire ce fat[5] ?

ARIMANT
Hé quoi divine Flore !
Estimez-vous qu'il ment et qu'il s'égare encore ?
Sont-ce pas des soleils qui brillent dans vos yeux ?

---

1. **Tout beau :** doucement.
2. **Entretien :** discours.
3. **Charmant :** envoûtant. Le sens du mot est fort au XVIIᵉ siècle.
4. **Une mort** de pure fiction.
5. **Fat :** sot, vain, prétentieux.

FLORE

Il ment, car le soleil est là-haut dans les cieux.
Encor si le soleil n'est couvert d'une nue[1],
Le peut-on regarder sans s'éblouir la vue ?
Comment donc cet amant pourrait-il concevoir
Tant de feux dans son cœur comme il dit sans me voir ?
Ce discours seulement me choque quand j'y pense[2],
A-t-on jamais parlé de telle extravagance ?
Mais de plus dites-moi quelle proportion
D'une femme au soleil[3] ?

ARIMANT

          C'est que sa passion
Vous donne par ce mot la plus grande louange
Qu'on vous puisse donner, quand vous seriez un Ange,
Et si cela vous choque, ah ! c'est un grand hasard
Si toute chose n'est mensonge à votre égard. »

Antoine LE MÉTEL D'OUVILLE, *La Coiffeuse à la mode*, I, 2.

QUESTIONS

1. Est-ce par ignorance que Flore est insensible à la poésie galante ?
2. En quoi cette leçon de poésie diffère-t-elle de celle qui est donnée à M. Jourdain par le Maître de philosophie ?

LA FONTAINE, *FABLES*, 1668

Leçon inopportune

    Les *Fables de La Fontaine* sont constituées de brefs récits, mettant en scène des animaux ou des hommes, dont se dégage une moralité, une leçon. Les fables, également appelées apologues, portent sur des travers psychologiques intemporels, comme l'ambition, l'avarice, l'égoïsme, ou sur des « vices du temps »,

---

1. **Une nue** : un nuage.
2. Le seul fait de penser à ce discours me choque.
3. Quel rapport entre une femme et le Soleil ?

défauts liés à la société contemporaine de l'auteur. Ici, La Fontaine s'attaque à un personnage très décrié au XVII⁰ siècle : le pédant[1].

« L'Enfant et le Maître d'école

Dans ce récit je prétends faire voir
D'un certain sot la remontrance vaine.

Un jeune Enfant dans l'eau se laissa choir,
En badinant[2] sur les bords de la Seine.
Le Ciel permit qu'un saule se trouva,
Dont le branchage, après Dieu, le sauva.
S'étant pris, dis-je, aux branches de ce saule,
Par cet endroit passe un Maître d'école ;
L'Enfant lui crie : "Au secours ! je péris."
Le Magister, se tournant à ses cris,
D'un ton fort grave à contre-temps s'avise
De le tancer : "Ah ! le petit babouin !
Voyez, dit-il, où l'a mis sa sottise !
Et puis, prenez de tels fripons le soin[3].
Que les parents sont malheureux qu'il faille
Toujours veiller à semblable canaille !
Qu'ils ont de maux ! et que je plains leur sort !"
Ayant tout dit, il mit l'Enfant à bord.

Je blâme ici plus de gens qu'on ne pense.
Tout babillard, tout censeur, tout pédant
Se peut connaître[4] au discours que j'avance.
Chacun de ces trois fait un peuple fort grand :
Le Créateur en a béni l'engeance.
En toute affaire ils ne font que songer
Aux moyens d'exercer leur langue.

---

1. Il désigne en principe un maître de collège et, plus largement, un savant. Très vite, le terme est chargé d'une connotation péjorative : le pédant, enfermé dans un savoir rigide et incapable de s'adapter aux circonstances, s'oppose à l'« honnête homme ».
2. **Badinant :** jouant.
3. Prenez soin de tels fripons.
4. **Connaître :** reconnaître.

Hé ! mon ami, tire-moi de danger,
Tu feras après ta harangue. »

 Jean de LA FONTAINE, « L'Enfant et le Maître d'école », *Fables*, livre I.

QUESTIONS

1. Que reproche le fabuliste au Maître d'école ?

2. Comparez ce personnage aux maîtres de M. Jourdain.

DIDEROT, *LE NEVEU DE RAMEAU*, 1762-1780

Leçon de musique

Le Neveu de Rameau *est le récit, largement entrecoupé de dialogues, d'une rencontre entre un philosophe et un personnage singulier : Rameau, le neveu du célèbre musicien Jean-Philippe Rameau. Dans cette conversation à bâtons rompus, le fantasque neveu explique à son interlocuteur comment, sans connaissances musicales, il a donné des leçons de musique.*

« J'arrivais. Je me jetais dans une chaise : "Que le temps est mauvais ! que le pavé[1] est fatigant !" Je bavardais quelques nouvelles […]. On m'écoutait. On riait. On s'écriait, "il est toujours charmant." Cependant, le livre de Mademoiselle s'était enfin retrouvé sous un fauteuil où il avait été traîné, mâchonné, déchiré, par un jeune doguin[2] ou un petit chat. Elle se mettait à son clavecin. D'abord elle y faisait du bruit, toute seule. Ensuite, je m'approchais, après avoir fait à la mère un signe d'approbation. La mère : "Cela ne va pas mal ; on n'aurait qu'à vouloir ; mais on ne veut pas. On aime mieux perdre son temps à jaser, à chiffonner, à courir, à je ne sais quoi. Vous n'êtes pas sitôt sorti que le livre est fermé, pour ne le rouvrir qu'à votre retour. Aussi vous ne la grondez jamais…"
Cependant comme il fallait faire quelque chose, je lui prenais les mains que je lui plaçais autrement. Je me dépitais. Je criais "Sol, sol,

---

1. Ici, la marche sur le pavé des rues.
2. **Doguin :** petit chien (dogue).

sol ; Mademoiselle, c'est un sol." La mère : "Mademoiselle, est-ce que vous n'avez point d'oreille ? Moi qui ne suis pas au clavecin, et qui ne vois pas sur votre livre, je sens qu'il faut un sol. Vous donnez une peine infinie à Monsieur. Je ne conçois pas sa patience. Vous ne retenez rien de ce qu'il vous dit. Vous n'avancez point…" Alors je rabattais un peu les coups[1], et hochant la tête, je disais, "Pardonnez-moi, Madame, pardonnez-moi. Cela pourrait aller mieux, si Mademoiselle voulait ; si elle étudiait un peu ; mais cela ne va pas mal." La mère : "À votre place, je la tiendrais un an sur la même pièce. — Oh pour cela, elle n'en sortira pas qu'elle ne soit au-dessus de toutes les difficultés ; et cela ne sera pas si long que Madame le croit." La mère : "Monsieur Rameau, vous la flattez ; vous êtes trop bon. Voilà de sa leçon la seule chose qu'elle retiendra et qu'elle saura bien me répéter dans l'occasion." L'heure se passait. Mon écolière me présentait le petit cachet[2], avec la grâce du bras et la révérence qu'elle avait apprise du maître à danser. Je le mettais dans ma poche, pendant que la mère disait : "Fort bien, Mademoiselle. Si Javillier[3] était là, il vous applaudirait." Je bavardais encore un moment par bienséance[4] ; je disparaissais ensuite, et voilà ce qu'on appelait alors une leçon d'accompagnement. »

Denis DIDEROT, *Le Neveu de Rameau.*

QUESTIONS

1. À quoi voit-on que la jeune fille n'est guère intéressée par la musique ? Pourquoi, à votre avis, prend-elle des leçons ?

2. D'où vient le comique du passage ?

---

1. **Je rabattais les coups :** j'adoucissais mes exigences, mes remontrances.
2. Petite carte portant une marque ou un cachet (sceau qu'on applique sur de la cire), qui sert à tenir le compte des leçons données. *Courir le cachet* signifie « donner des leçons en ville ».
3. Maître à danser du roi.
4. **Par bienséance :** par politesse.

IONESCO, *LA LEÇON*, 1951

Leçon de phonétique

Ionesco, l'un des grands représentants du « théâtre de l'absurde », aime à créer des situations apparemment banales, qui soudain « dérapent » vers l'illogique et l'incompréhensible. Ce qui peut être drôle chez Ionesco, surtout à la représentation, est aussi chargé de lourdes interrogations : en bouleversant nos repères logiques, le dramaturge nous invite à nous demander s'ils ont un sens. Dans La Leçon, *un étrange professeur enseigne à une jeune élève ce qu'il prétend être les rudiments de l'étude des langues.*

« La prononciation à elle seule vaut tout un langage. Une mauvaise prononciation peut vous jouer des tours. À ce propos, permettez-moi, entre parenthèses, de vous faire part d'un souvenir personnel. *(Légère détente, le Professeur se laisse aller un instant à ses souvenirs ; sa figure s'attendrit ; il se reprendra très vite.)* J'étais tout jeune, encore presque un enfant. Je faisais mon service militaire. J'avais, au régiment, un camarade, Vicomte, qui avait un défaut de prononciation assez grave : il ne pouvait pas prononcer la lettre f. Au lieu de f, il disait f. Ainsi, au lieu de : fontaine, je ne boirai pas de ton eau, il disait : fontaine, je ne boirai pas de ton eau. Il prononçait fille au lieu de fille, Firmin au lieu de Firmin, fayot au lieu de fayot, fichez-moi la paix au lieu de fichez-moi la paix, fatras au lieu de fatras, fifi, fon, fafa au lieu de fifi, fon, fafa ; Philippe au lieu de Philippe ; fictoire au lieu de fictoire ; février au lieu de février ; mars-avril au lieu de mars-avril ; Gérard de Nerval[1] et non pas, comme cela est correct, Gérard de Nerval ; Mirabeau[2] au lieu de Mirabeau, etc., au lieu de etc., et ainsi de suite etc. au lieu de et ainsi de suite etc. Seulement il avait la chance de pouvoir si bien cacher son défaut, grâce à des chapeaux, que l'on ne s'en apercevait pas. »

Eugène IONESCO, *La Leçon*, Gallimard.

---

1. Écrivain français (1808-1855).
2. Homme politique français qui joua un rôle important pendant la Révolution (1749-1791).

QUESTIONS

1. Comparez la leçon du professeur de Ionesco à celle du Maître de philosophie dans *Le Bourgeois gentilhomme*.

2. Il suffirait d'une légère modification pour que presque tout le raisonnement du professeur redevienne logique : laquelle ? Quelques-uns de ses exemples resteraient cependant absurdes : lesquels, et pourquoi ?

3. Essayez de définir le ton de la scène.

Sujet de bac

QUESTIONS D'ENSEMBLE

1. Quels sont les ressorts du comique dans ces textes ?
2. En quoi ces leçons sont-elles théâtrales ?

COMMENTAIRE

Commentez la leçon de Rameau, en étudiant les techniques du récit et l'image du maître de musique.

DISSERTATION

Boileau, théoricien contemporain de Molière, écrit :

> « Qu'en savantes leçon votre muse fertile
> Partout joigne au plaisant le solide et l'utile.
> Un lecteur sage fuit un vain amusement,
> Et veut mettre à profit son divertissement. »

BOILEAU, *Art poétique*, 1674, chant IV.

Les leçons qui vous sont présentées ici vous paraissent-elles purement comiques, ou porteuses d'un enseignement destiné au lecteur ou au spectateur ?

SUJET D'INVENTION

Écrivez une fable, à la manière de La Fontaine, relatant les apprentissages de M. Jourdain.

LECTURES
DU *BOURGEOIS GENTILHOMME*

Dans ces *Entretiens,* Diderot examine les genres dramatiques existants, pour mieux démontrer la nécessité d'un genre nouveau, illustré notamment par *Le Fils naturel* : le drame. L'un des arguments qu'il avance est le peu de « vérité » des genres traditionnels : la comédie-ballet lui fournit un exemple facile des extravagances de la scène comique.

> « Le genre burlesque et le genre merveilleux n'ont point de poétique, et n'en peuvent avoir. Si l'on hasarde, sur la scène lyrique, un trait nouveau, c'est une absurdité qui ne se soutient que par des liaisons plus ou moins éloignées avec une absurdité ancienne. Le nom et les talents de l'auteur y font aussi quelque chose. Molière allume des chandelles tout autour de la tête du bourgeois gentilhomme ; c'est une extravagance qui n'a pas de bon sens ; on en convient, et l'on en rit. Un autre imagine des hommes qui deviennent petits à mesure qu'ils font des sottises ; il y a, dans cette fiction, une allégorie sensée ; et il est sifflé. »
>
> DIDEROT, *Entretiens sur* Le Fils naturel, 1757.

Ce texte et les attaques de Rousseau contre la comédie sont célèbres. Soucieux, comme plusieurs de ses contemporains, de la moralité des spectacles, le philosophe conteste à la comédie son pouvoir correctif, souvent revendiqué par les dramaturges. Molière lui-même avait avancé que « le devoir de la comédie [était] de corriger les hommes en les divertissant » (premier placet au roi pour *Le Tartuffe*). Rousseau démonte aisément un argument auquel Molière n'a sans doute jamais eu la naïveté de croire, mais qui permettait de revendiquer la dignité du genre.

> « Voilà l'esprit général de Molière et de ses imitateurs. Ce sont des gens qui, tout au plus, raillent quelquefois les vices, sans jamais faire aimer la vertu ; de ces gens, disait un ancien, qui savent bien moucher la lampe, mais qui n'y mettent jamais d'huile.

Voyez comment, pour multiplier ses plaisanteries, cet homme trouble tout l'ordre de la société ; avec quel scandale il renverse tous les rapports les plus sacrés sur lesquels elle est fondée ; comment il tourne en dérision les respectables droits des pères sur leurs enfants, des maris sur leurs femmes, des maîtres sur leurs serviteurs ! Il fait rire, il est vrai, et n'en devient que plus coupable, en forçant, par un charme invincible, les sages mêmes de se prêter à des railleries qui devraient attirer leur indignation. J'entends dire qu'il attaque les vices ; mais je voudrais bien que l'on comparât ceux qu'il attaque avec ceux qu'il favorise. Quel est le plus blâmable d'un bourgeois sans esprit et vain qui fait sottement le gentilhomme, ou d'un gentilhomme fripon qui le dupe ? Dans la pièce dont je parle, ce dernier n'est-il pas l'honnête homme ? N'a-t-il pas pour lui l'intérêt et le public n'applaudit-il pas à tous les tours qu'il fait à l'autre ?

ROUSSEAU, *Lettre à d'Alembert sur les spectacles*, 1758.

Dans son analyse du *Bourgeois gentilhomme* et d'autres pièces mettant en scène des bourgeois, Paul Bénichou souligne la dureté de la satire de Molière contre cette classe sociale. Selon lui, le dramaturge marquerait ainsi son peu de sympathie pour un monde dont il est issu, mais qu'il a quitté pour le théâtre ; et ses valeurs seraient plus proches de celles de la cour que de celles de bourgeois.

« Sans doute l'aristocratie n'est-elle pas toujours avantageusement représentée dans [*George Dandin* et *Le Bourgeois gentilhomme*] : les Sottenville, pas plus que le Dorante du *Bourgeois*, ne sont des modèles sympathiques. Mais là n'est pas la question. Ce qui importe, c'est que l'infériorité sociale des bourgeois soit représentée avec tant de force, et qu'en aucun moment Molière ne songe à nous émouvoir contre ceux qui abusent de la différence des rangs. [...]
La représentation caricaturale du bourgeois était de tradition dans la littérature comique. Le bourgeois fournissait à la comédie un type nettement délimité, avec ses défauts et ses ridicules : avarice, faiblesse de courage, jalousie, penchant, le plus souvent bafoué, à la tyrannie domestique, suffisance réjouissante, égoïsme et naïveté. Ce type, distinct à la fois de celui du gentilhomme ou plus généralement de l'homme de bonne compagnie et de celui du valet, a été utilisé très

fréquemment par Molière depuis ses débuts et tient dans son théâtre une place considérable, la première peut-être. […]
Si c'est le plus souvent dans l'amour que le bourgeois de Molière manifeste son infériorité, cela ne résulte pas seulement du fait que le domaine de l'amour et du plaisir est celui où s'affrontent de préférence les valeurs chez Molière ; c'était une tradition que l'incompatibilité du caractère bourgeois et de la galanterie. L'air bourgeois et le bel amour n'allaient guère ensemble. […] Les traits habituels de la mentalité marchande passaient pour mortels à l'amour, auquel la tradition courtoise, même réduite à la simple galanterie, attribuait une noblesse ou une excellence indigne des âmes médiocres. »

Paul BÉNICHOU, Morales du Grand Siècle, Paris,
Gallimard, « Folio essais », 1948, p. 237-238.

Dans son essai, René Bray tente d'éclairer l'esthétique des œuvres de Molière par le métier de celui-ci : comédien et chef de troupe. Genre littéraire, la comédie est aussi un art de la scène, un spectacle que l'on ne peut réduire à un texte. Ce qui est vrai du théâtre l'est encore plus de la comédie-ballet, et les « faiblesses » de l'intrigue du *Bourgeois gentilhomme* n'en sont peut-être pas si l'on comprend qu'elles sont mises au service d'un spectacle dans lequel les intermèdes ont un rôle essentiel.

« Le recours au ballet accentue le côté chimérique des comédies de Molière. La vraisemblance est alors entièrement négligée. L'action est organisée dans l'arbitraire pour servir de prétexte aux agréments concertés de la danse. Contesterait-on que la majeure partie des aventures de Jourdain ont pour raison d'être, non point le moindre souci de vérité, mais le seul besoin de mener à ce *clou* de la représentation que doit être la Cérémonie turque ?
La farce moliéresque ne se soucie nulle part de la vraisemblance : elle n'a d'autre objet que de faire rire et elle atteint son but tantôt par le recours à la plus banale des conventions, tantôt par une parfaite spontanéité, mais toujours sans préoccupation de vérité. »

René BRAY, Molière, homme de théâtre, Paris,
Mercure de France, 1954, p. 338-339.

Spécialiste de la comédie-ballet, Charles Mazouer souligne l'importance des intermèdes, non seulement dans l'esthétique de la pièce, comprise comme un spectacle total, mais aussi dans la « vision du monde » qui s'en dégage : interpréter *Le Bourgeois gentilhomme* sans prendre en compte ses intermèdes reviendrait à en fausser le ton, et le sens.

« Il ne faudrait pas oublier l'essentiel : au-delà de leur intérêt et de leur beauté, de l'émotion ou du plaisir comique qu'ils procurent en eux-mêmes, les ornements intégrés à la comédie enrichissent et transforment la signification de celle-ci ; ils ont des effets sur le sens des spectacles composites voulus par Molière. On peut aller jusqu'à dire que la comédie-ballet propose une sorte de vision du monde. L'entreprise moliéresque part du réel observé et critiqué ; la réalité lui donne à rire. Le rire a déjà pour effet de déréaliser le monde, de conjurer les violences et la bêtise, de gommer la dureté du réel. L'introduction des ornements ne rompt en rien la pensée esthétique de Molière, mais complète en quelque sorte la chaîne des moyens qui mènent du réel à l'euphorie. Avec leur fantaisie propre, les ornements font basculer la pièce réaliste et raisonnable dans l'imaginaire, estompent la gravité de la comédie parlée et l'entraînent dans une danse légère et joyeuse.

La dureté de la comédie est allégée par la fantaisie des ornements. ainsi, dans [*George Dandin* et *Le Bourgeois gentilhomme*], la présence des ornements fait oublier la violence sociale, l'âpreté des ambitions, la gravité des tromperies et la cruauté des dénouements pour les victimes. Ensuite, ornements et intermèdes s'associent pour relativiser les obstacles à l'amour et faire triompher l'amour partagé. Finalement, l'alliance du rire, de l'harmonie et de la danse apaise et crée la joie, que Molière tient tant à faire triompher, en empruntant même volontiers à l'esprit du carnaval. »

Charles MAZOUER, *Trois Comédies de Molière.*
Étude sur Le Misanthrope, George Dandin,
Le Bourgeois gentilhomme, Paris, SEDES, 1999, p. 16.

Dans cette étude, sous-titrée « Morale, économie et comédie », Pierre Force s'interroge sur les valeurs qui sous-tendent les comédies de Molière. Il souligne ici un paradoxe dans l'attitude de M. Jourdain : vouloir être un autre tout en restant accroché à ses valeurs ; un paradoxe dans lequel se lit peut-être la pensée de Molière sur l'homme et son rôle social.

« Dans leur désir d'apprendre, les personnages [de Molière] évitent ce qui, peut-être, les ferait changer vraiment, et se limitent à des choses qu'ils connaissent déjà, ou à des choses qui ne sont d'aucune utilité. Monsieur Jourdain emploie un maître à danser et un maître de musique pour pouvoir s'entendre dire par eux après qu'il a chanté :

Je croyais Janneton
Aussi douce que belle

que l'air est joli et qu'il le chante bien, quoiqu'il n'ait pas appris la musique. De même, il emploie un maître de philosophie pour s'entendre dire par lui qu'il a trouvé, sans avoir étudié, la meilleure façon d'agencer les mots du billet qu'il envoie à la belle marquise [...]. L'attitude de Monsieur Jourdain vis-à-vis de l'éducation est symbolisée par la façon dont il use des services du maître de philosophie à propos de son billet à la marquise. Alors que le maître de philosophie lui propose de tourner le billet autrement, avec des expressions galantes à la mode, Monsieur Jourdain veut que le billet soit bien tourné, mais il ne veut en changer aucun mot [...]. En somme, Monsieur Jourdain veut un billet autre, mais il désire que le billet reste le même. Il veut être autre, mais son désir le plus profond est de demeurer ce qu'il est.

Les comédies de Molière mettent en scène toutes sortes de personnages qui essaient de jouer des rôles, mais la leçon des comédies est qu'en dernière analyse la société n'est pas un jeu de rôles, ou, plus exactement, que chaque individu ne peut jouer qu'un rôle, et que ce rôle ne peut pas être choisi. L'étude de l'honnête homme est de perfectionner le jeu qui convient à sa nature [...]. »

Pierre FORCE, *Molière ou Le Prix des choses*,
Paris, Nathan, 1994, p. 183-185.

LIRE, VOIR, ENTENDRE

BIBLIOGRAPHIE

Claude BOURQUI, *Les Sources de Molière*, Sedes, 1999.

René BRAY, *Molière, homme de théâtre*, Mercure de France, 1954.

Gabriel CONESA, *Le Dialogue moliéresque*, 1983, réédition SEDES, 1991.

Patrick DANDREY, *Molière ou L'Esthétique du ridicule*, Klincksieck, 1992.

Gérard DEFAUX, *Molière ou Les Métamorphoses du comique*, 1980, réédition Klincksieck, 1992.

Georges FORESTIER, *Molière en toutes lettres*, Bordas, 1990.

Charles MAZOUER, *Molière et ses comédies-ballets*, Klincksieck, 1993.

Brice PARENT, *Variations comiques ou Les Réécritures de Molière par lui-méme*, Klincksieck, 2000.

FILMOGRAPHIE

Jacques de FÉRAUDY, *Le Bourgeois gentilhomme*, 1922, avec Maurice de Féraudy et Andrée de Chauveron.

Jean MEYER, *Le Bourgeois gentilhomme*, 1958, avec Louis Seigner, Jean Meyer, Jacques Charon et Robert Manuel.

Roger COGGIO, *Le Bourgeois gentilhomme*, 1982, avec Michel Galabru, Rosy Varte, Roger Coggio, Jean-Pierre Darras et Ludmila Mikaël.

Ariane MNOUCHKINE, *Molière ou La Vie d'un honnête homme*, 1978.

DISCOGRAPHIE

Enregistrement intégral du *Bourgeois gentilhomme*, « L'Encyclopédie sonore », Hachette, 1955.

LES TERMES DE CRITIQUE ET LES MOTS DU *BOURGEOIS GENTILHOMME*

Aparté : paroles qu'un personnage prononce à part, sans être entendu des autres (voir Mme Jourdain, III, 4).

Bourgeois : personne qui n'appartient ni à la noblesse ni au clergé, mais qui possède des biens et ne travaille pas de ses mains, au contraire des paysans ou des ouvriers. Mme Jourdain rappelle à son mari qu'ils descendent tous deux « de bonne bourgeoisie » (III, 12) ; l'expression « bon bourgeois » désigne, sans nuance péjorative, un homme qui vit dans une honnête aisance.

Burlesque : procédé comique qui consiste à ne pas prendre, pour parler de quelque chose, le ton et le niveau de langue qui conviennent, précisément à traiter en termes bas et populaires un sujet élevé. Ainsi, Covielle, pour parler de l'amour qu'il porte à Nicole, évoque les seaux d'eau qu'il a portés à sa place et la broche qu'il a tournée pour elle à la cuisine (III, 9). Le burlesque a été particulièrement exploité par Scarron, dans ses poésies, son *Virgile travesti* (réécriture comique de *L'Énéide* de Virgile), et ses comédies, que Molière a beaucoup jouées.

Champ sémantique ou **champ lexical** : ensemble des mots (noms, verbes, adjectifs, expressions…) se rapportant à un même thème.

Dénouement : fin de la pièce de théâtre, moment où les fils de l'intrigue se dénouent. C'est le dernier épisode de la pièce, qui peut s'étendre sur plusieurs scènes.

Didascalies : indications scéniques données par l'auteur. Elles portent sur les gestes, les déplacements des personnages, le ton de voix à adopter, etc.

Dramatique : qui a trait au théâtre. Le genre dramatique désigne le genre théâtral dans son ensemble, comédie, farce, tragédie, tragi-comédie, drame, …. Le terme n'est donc pas synonyme de « triste », « émouvant » (on emploie, pour exprimer ces notions, le mot « pathétique »).

Exposition : début d'une pièce de théâtre, qui permet d'informer le spectateur de tout ce qu'il doit savoir pour comprendre la suite de l'intrigue. On y apprend, en général, quels sont les principaux personnages, dans quelle situation ils se trouvent, etc.

Galant, galanterie : Le mot a, au XVIIᵉ siècle, un sens plus large qu'aujourd'hui. Il signifie « distingué, élégant, raffiné ». Dorante dit ainsi à M. Jourdain que son habit est « tout à fait galant » (III, 4). Le mot signifie également « poli », « courtois ». De nos jours, on l'emploie dans un sens plus restreint : « courtois », « empressé envers les femmes ». C'est comme substantif que la notion est la plus intéressante. La galanterie, appelée aussi « politesse » ou « civilité » au XVIIᵉ siècle, est un idéal complexe, dont se réclament tous les « honnêtes gens ». La galanterie est un art de vivre, né à la cour et surtout dans les salons, qui conjugue éducation et naturel, dans une sorte de spontanéité maîtrisée.

Gentilhomme : « homme noble d'extraction, qui ne doit point sa noblesse à une charge ni à une lettre du prince » (dictionnaire de Furetière). Le gentilhomme appartient à la noblesse d'épée, la plus ancienne, la plus prestigieuse, car elle remonte à plusieurs générations, parfois à plusieurs siècles ; on parle aussi de noblesse « de vieille souche ». Tous les gens de qualité, même nobles de naissance, ne portent pas ce titre ; c'est pourquoi M. Jourdain est si flatté d'entendre le garçon tailleur l'appeler « mon gentilhomme » (II, 5).

Héros : personnage principal d'une pièce de théâtre, d'un roman ou d'un film. Dans ce sens, le héros n'a pas nécessairement toutes les qualités de force, d'intelligence et de beauté qui lui font accomplir des exploits.

Hyperbole : procédé qui consiste à exagérer les choses, pour qu'elles produisent une forte impression. Le langage galant est fondé sur l'hyperbole, comme le montre le discours de Cléonte, parlant de Lucile : « je n'aime rien au monde qu'elle, et je n'ai qu'elle dans l'esprit ; elle fait tous mes soins, tous mes désirs, toute ma joie ; je ne parle que d'elle, je ne pense qu'à elle, je ne fais des songes que d'elle, je ne respire que par elle, mon cœur vit tout en elle » (III, 9).

Intermède : passage chanté ou dansé, inséré entre les actes d'une comédie-ballet.

Intrigue : ensemble des situations et des événements qui s'enchaînent tout au long de la pièce.

Leitmotiv : phrase, formule, qui revient à plusieurs reprises, comme un refrain. (Le mot appartient à l'origine au vocabulaire de la musique). Dans *Le Bourgeois gentilhomme*, l'expression « gens de qualité » constitue un leitmotiv.

Magnifique : Une personne magnifique est, au XVIIᵉ siècle, quelqu'un qui aime le faste, le luxe, et qui, pour cela, ne regarde pas à la dépense. Le mot peut donc être synonyme de « généreux ». Le Maître de musique joue d'ailleurs très habilement sur les deux sens : « une personne comme vous, qui êtes magnifique, et qui avez de l'inclination pour les belles choses » (II, 1). Quand il qualifie une chose, « magnifique » signifie avant tout « pompeux », « solennel » (on dit notamment « des paroles magnifiques ») ; mais il peut aussi signifier : « qui a coûté très cher ».

Pastiche (pasticher) : imitation du style propre à un écrivain, un peintre, un genre littéraire. Dans *Le Bourgeois gentilhomme*, Covielle pastiche les proverbes orientaux (IV, 4).

Qualité : Le mot est ici employé dans l'expression « gens de qualité », qui désigne les nobles de naissance. Même si M. Jourdain était anobli par le roi, il ne serait donc pas une « personne de qualité », catégorie à laquelle, en revanche, Dorante appartient. C'est bien sûr un mot très important dans la pièce, puisqu'il traduit l'obsession de M. Jourdain. Le mot a aussi, au XVIIᵉ siècle, le sens plus général de « trait de caractère », « disposition de l'esprit, bonne ou mauvaise », alors qu'il ne désigne plus aujourd'hui qu'un trait positif.

Tirade : réplique relativement longue.

Vision : idée folle, extravagante. « Ce nous est une douce rente, que ce monsieur Jourdain, avec les visions de noblesse et de galanterie qu'il est allé se mettre en tête » (I, 1). Desmarets de Saint-Sorlin a écrit en 1637 une pièce intitulée *Les Visionnaires*, dans laquelle apparaissent toutes sortes d'extravagants.

POUR MIEUX EXPLOITER
LES QUESTIONNAIRES

Ce tableau fournit la liste des rubriques utilisées dans les questionnaires, avec les renvois aux pages correspondantes, de façon à permettre des **études d'ensemble** sur tel ou tel de ces aspects (par exemple dans le cadre de la lecture suivie).

RUBRIQUES	PAGES				
	ACTE I	ACTE II	ACTE III	ACTE IV	ACTE V
DRAMATURGIE			95	129	
GENRES	35, 45, 46	51, 55, 68, 74	87, 105, 111, 123	147, 148	151, 161, 172, 173
MISE EN SCÈNE		55, 68	95, 99, 111	129	151, 161
PERSONNAGES	35, 45, 46	51, 55, 59, 68, 73, 74	79, 87, 99, 105, 115, 121, 122, 123	129, 131, 147, 148	151, 155, 161, 172, 173
REGISTRES ET TONALITÉS	35		79, 95, 105, 115, 122		
SOCIÉTÉ		51	79, 95, 115, 123	131	161
STRATÉGIES	45	51, 73	87, 95, 99, 122	129, 131, 147	155
STRUCTURE		59	111		
THÈMES			115		

TABLE DES MATIÈRES

Les photographies de cette édition sont tirées des mises en scène suivantes :
Mise en scène de Jean Meyer, décor et costumes de Suzanne Lalique, Comédie-Française, 1951. – Mise en scène de Jean-Louis Barrault, chorégraphie de Claude Bessy, décor et costumes d'Auguste Pace, la Comédie-Française aux Tuileries, 1972. – Mise en scène de Jean-Laurent Cochet, chorégraphie de Michel Rayne, décor et costumes de Jacques Marillier, Comédie-Française, 1980. – Mise en scène de Jean-Luc Boutté, chorégraphie de François Raffinot, décor et costumes de Louis Bercut, Comédie-Française, 1986, reprise 1988. – Mise en scène de Jérôme Savary, chorégraphie de Jean Moussy, décor de Michel Lebois, costumes de Michel Dussarol, C.E.T. Lyon, théâ^tre du VIIIe, 1987, théâtre national de Chaillot, 1989. – Mise en scène de Colette Roumanoff, costumes de Katherine Roumanoff, lumières de Stéphane Cottin, théâtre Fotaine, 2003.

COUVERTURE : Roland Bertin (M. Jourdain) dans la mise en scène de Jean-Luc Boutté, Comédie-Française, 1988.

CRÉDITS PHOTO
Couverture : Ph. © Philippe Coqueux/Specto/T. – p. 2 : Ph. Jacques Pourchot-DR © Archives Larbor. – p. 3 : Ph. Jacques Pourchot-DR © Archives Larbor. – p. 4 : Ph. Josse © Archives Larbor/T. – p. 5 : Ph. © Philippe Coqueux/Specto/T. – p. 6 ht : Ph. © Marc Enguerand/T. – p. 6 bas : Ph. © Jean-François Delon/Compagnie Colette Roumanoff. – p. 7 ht : Ph. Coll Archives Larbor. – p. 8 bas : Ph. © Jean-François Delon/Compagnie Colette Roumanoff. – p. 8 ht : Ph. © Philippe Coqueux/Specto/T. – p. 8 bas : Ph. © Jean-François Delon/Compagnie Colette Roumanoff. – p. 9 : Ph. © Sarti/Enguerand/T. – p. 10 : Ph. © Philippe Coqueux/Specto/T. – p. 11 ht : Ph. © Jean-François Delon/Compagnie Colette Roumanoff. – p. 11 bas : Ph. © Jean-François Delon/Compagnie Colette Roumanoff. – p. 12 : Ph. © Jean-François Delon/Compagnie Colette Roumanoff. – p. 13 : Ph. © Jean-François Delon/Compagnie Colette Roumanoff. – p. 14 : Ph. © Rubinel/Enguerand/T. – p. 15 : Ph. © Philippe Coqueux/Specto/T. – p. 16 : Ph. © Philippe Coqueux/Specto/T. – p. 22 : Ph. Jeanbor © Archives Larbor. – p. 28 : Ph. H. Josse © Archives Larbor/T. – p. 32 : Ph. Jeanbor © Archives Larbor. – p. 48 : Ph. © Bernand. – p. 53 : Ph. Coll Archives Larbor. – p. 76 : Ph. Coll Archives Larbor. – p. 84 : Ph. Coll Archives Larbor. – p. 98 : Ph. © Steinberger/Enguerand/T. – p. 140 : Ph. Coll Archives Larbor. – p. 144 : Ph. © Lipnitzki/Viollet. – p. 170 : Ph. © Roger-Viollet. – p. 204 : Ph. © Philippe Coqueux/Specto/T.

Direction éditoriale : Pascale Magni – *Coordination et édition* : Franck Henry – *Révision des textes* : Jean-Jacques Carreras – *Iconographie* : Christine Varin – *Maquette intérieure* : Josiane Sayaphoum – *Fabrication* : Jean-Philippe Dore – *Compogravure* : PPC.

© Bordas, Paris, 2003 – ISBN : 2-04-730364-8

Imprimé en France par France Quercy – N° de projet : 10098461 – Dépôt légal : juillet 2003